St. Petersburg

Eva Gerberding

Neu: Exklusive Reisetipps auf www.merian.de!

- **Gratis mehr Informationen:**
  Entdecken Sie den Premium-Bereich von www.merian.de

- **Topaktuelle Zusatznutzen:**
  Reiseberichte, Shopping, Tipps und Informationen

- **Neue Reiseziele entdecken:**
  über 5000 Destinationen weltweit

- **Einfach auf www.merian.de**
  Ihren persönlichen Zugangscode eingeben: **20060079**

Inhalt

Erläuterung der Symbole

Für Familien mit Kindern besonders geeignet

Diese Unterkünfte haben behindertengerechte Zimmer

In diesen Unterkünften sind Hunde erlaubt

CREDIT *Alle Kreditkarten werden akzeptiert*

Keine Kreditkarten werden akzeptiert

Preise für Übernachtungen im Doppelzimmer ohne Frühstück:

●●●●	*ab 200 €*	●●	*ab 100 €*
●●●	*ab 150 €*	●	*bis 100 €*

Preise für ein Menü mit Vorspeise und Dessert, ohne Getränke:

●●●●	*ab 42 €*	●●	*ab 13 €*
●●●	*ab 30 €*	●	*bis 13 €*

Karten und Pläne

Die Buchstaben-Zahlen-Kombinationen im Text verweisen auf die Planquadrate der Karten, z. B.

→ S. 119, F 13 Kartenatlas
→ S. 93, b 2 Detailkarte innen oder
→ c 2 Umschlagkarte hinten

TÜV SÜD
1. GEPRÜFTER REISEFÜHRER
MERIAN *live!*

Schnelle Orientierung	*Klarer Aufbau. Übersichtliche Seiten, Verzeichnisse und Karten*
Kompakte Informationen	*Alles über Ziele und Umgebung in Kürze, viele nützliche Tipps*
Aktuelle Inhalte	*Angaben werden laufend kontrolliert und aktualisiert*

St. Petersburg stellt sich vor

Die Marmorskulpturen im Sommergarten ließ Peter der Große von venezianischen Meistern fertigen.

An Superlativen fehlt es St. Petersburg wahrlich nicht. Russlands prachtvolle Kulturmetropole bietet dem Besucher über 50 Museen und soll mehr Brücken als Venedig besitzen.

St. Petersburg, das zu Beginn des Ersten Weltkriegs **Petrograd** hieß und dann für fast 70 Jahre den Namen des sowjetischen Revolutionärs und Staatsgründers Lenin trug, heißt längst wieder St. Petersburg. Auf mehrheitlichen Wunsch seiner 5 Millionen Einwohner, die ihre Stadt ohnehin immer nur liebevoll »Piter« genannt haben. Wie der Literatur-Nobelpreisträger Joseph Brodski, der in seinem Essay »Erinnerungen an St.Petersburg« der Stadt ein Denkmal gesetzt hat.

Heute bietet sich die Stadt am schönen Fluss **Newa** dem ausländischen Besucher wieder in neuem Glanz dar, als wolle sie die Jahre der Entbehrungen nachholen. Diese Stadt ist ein Wunder! Nicht nur für denjenigen, der Moskau kennt und in St. Petersburg so wenig von dem findet, was die russische Hauptstadt ausmacht, sondern auch für welterfahrene Reisende. Mehr als in jeder anderen europäischen Stadt, selbst als in Venedig, womit St. Petersburg immer wieder verglichen wird, hat man den Eindruck, sich in einem Freilichtmuseum der Architektur zu bewegen. Nirgendwo sonst sind die Bauten so aufeinander abgestimmt, nirgends ist die städtebauliche Konzeption des historischen Stadtlebens so erlebbar wie in St. Petersburg.

St. Petersburg ist eine Stadt, die sich gerade deshalb so sehr von anderen russischen Städten unterscheidet, weil sie nahezu alles besitzt, was ihnen in der Regel fehlt: eine architektonische Konzeption, einen fast einheitlichen Stil, der dazu noch westeuropäisch geprägt ist, Großzügigkeit und vor allem Weltoffenheit. Alexander Puschkin hat zu seiner Vaterstadt angemerkt, sie sei als »Fenster nach Europa« von ihrem Gründer geplant und gebaut worden, und diese Aussage trifft wohl, in der weitesten Auslegung des Begriffs Europa, den Kern der Sache.

Als Zar Peter 1703 mit dem Bau der Stadt an der Mündung der Newa begann, hat kaum jemand an die Realisierung dieses Plans wirklich geglaubt. Die Gegend war sumpfig – und wahrlich gottverlassen. Und das Bauland für das erste Gebäude der Stadt, naturgemäß eine Festung – die heutige Peter-Paul-Feste –, musste dem Meer und dem Sumpfboden ab-

Russlands Tor zum Westen

getrotzt werden. An Arbeitskräften mangelte es in dieser Zeit wahrlich nicht, Leibeigene wurden aus dem ganzen Reich herbeibefohlen. Wie viele in den Sümpfen ihr Leben ließen – niemand hat es gezählt. Der Mensch galt wenig, selbst in der Ära eines »Reformers« wie Peter I. Aber auch der Adel hielt nicht viel von der Idee, im von den Schweden bedrohten äußersten Nordwesten des Landes eine Stadt gleichsam aus dem Boden zu stampfen. Die russische Aristokratie musste mehr oder weniger gezwungen werden, sich hier an-

Alexander Puschkin wird noch heute hoch verehrt. Der Dichter starb 1837 in St. Petersburg an den Folgen eines Duells.

zusiedeln. Der Widerstand, auch unter dem Volk, hielt an. Das Leben war mühsam und teuer, denn alles musste von weither herbeitransportiert werden. Regelmäßig bedrohten Überschwemmungen die Stadt. In den Aufbaujahren kursierten apokalyptische Vorstellungen vom nahen Untergang der Stadt in den Meeresfluten.

Doch bereits nach 50 Jahren konnte sich St. Petersburg, seit 1712 neue Hauptstadt Russlands, mit Metropolen wie Paris und London messen – eine beispiellose Leistung.

Die topografische Beschaffenheit des Newa-Deltas gab der Stadt ihre Struktur. Dass sie mehr Brücken besitzt als Venedig, ist vielleicht eine Le-

Nur auf den ersten Blick eine »unrussische« Stadt

gende, aber mit der Serenissima hat sie das Netz von Kanälen ebenso gemeinsam wie die künstlichen Fundamente, die zum Teil aus Eichenpfählen bestehen. Schon Zar Peter hatte Architekten vorwiegend aus Westeuropa, aus Frankreich, Italien und der Schweiz, herangezogen. Seine Nachfolger, vor allem die »Vollenderin« der Stadt, Katharina II., setzten diese Tradition fort, so dass von Anfang an ein »westlicher« Charakter die Bauten der Stadt prägte.

Wer durch dieses einmalige Architekturensemble wandert, wird ernsthaft auf seine Stilsicherheit geprüft. St. Petersburger Barock und der das Stadtbild vielleicht noch mehr beherrschende Klassizismus sind am Ende doch russischer Barock und russischer Klassizismus. Das kann nicht nur etwas mit den Auftraggebern zu tun gehabt haben, sondern ist wohl auch die spezielle kulturhistorische Komponente, die Russland dieser eigentlich importierten Architektur abgetrotzt hat.

St. Petersburg ist deshalb so einmalig, weil praktisch der gesamte Kern, seine Innenstadt, vollkommen

Metropole mit Kunstsinn

so erhalten ist, wie es im 18. Jahrhundert geplant wurde. Eine imperiale Metropole mit viel Kunstsinn.

Dass der ursprüngliche Entwurf des französischen Architekten Leblond für die Anlage der Stadt nicht funktionierte, weil die zum Zentrum der Stadt bestimmte Wassili-Insel sich als ungeeignet für den Bau der Zarenresidenz erwies, war vielleicht ein Glück. So erhielt St. Petersburg eine gewisse Asymmetrie, eine Regelabweichung von der rationalen Idealplanung, die sich heute als sympathisch darstellt.

Die Nachfolger Peters I. hatten unterschiedliche Vorstellungen von der Bedeutung St. Petersburgs. Immer wieder gab es Fluchten nach Moskau zurück, bis nach der Oktoberrevolution die Hauptstadt 1918 wieder Moskau wurde. Diese Verlegung der Hauptstadt rettete Petersburgs Altstadt wahrscheinlich vor dem Untergang, denn es wurde kein Geld ausgegeben für die »Meisterwerke des sozialistischen Städtebaus« noch für die Sprengung der Kirchen wie in Moskau.

Eine entscheidende Rolle bei der Gestaltung von St. Petersburg spielten auch die Zarinnen. Sie prägten das Bild der Stadt mindestens so stark wie ihr Gründer. Peters Tochter, Elisabeth I., ließ das Winterpalais bauen, das heute die **Eremitage** be-

Die Rolle der Zarinnen – heute fast vergessen

herbergt und Weltruhm durch seine Erstürmung durch die Bolschewiki erlangte, die hier ironischerweise die »bürgerliche« Regierung Kerenskis festnahmen. Der Zar hatte bereits abgedankt, was ihn jedoch nicht davor bewahrte, ermordet zu werden. Schließlich Katharina II., wie Peter mit dem Beinamen »die Große« versehen. Sie kann man mit Fug und Recht als die Vollenderin St. Petersburgs bezeichnen.

Das finsterste Kapitel der Stadt beginnt im September 1941 mit der Einkesselung durch deutsche Truppen.

Die belagerte Stadt

900 Tage sollte das Martyrium der Bewohner dauern. Im eisigen Winter 1941/1942 verhungerten täglich 3500 Menschen. Was die deutsche Wehrmacht vorgehabt hat, lässt sich in einer Fotodokumentation in **Peterhof** studieren; das Zarenschloss wurde fast vollständig zerstört.

An diesen furchtbaren Überlebenskampf der Bevölkerung erinnern heute die Symphonie Nr. 7 von Dmitri Schostakowitsch, die aus dem belagerten Leningrad über alle Sender der Sowjetunion uraufgeführt wurde, und der **Piskarjowskoje-Gedenkfriedhof** in der Stadt, dessen Besuch niemand versäumen sollte, der etwas von St. Petersburg und seinen Menschen begreifen will.

Das Stadtbild hat sich in den letzten Jahren radikal verändert. Besonders seit 2003, dem 300. Stadtgeburtstag, erstrahlt die Stadt im neuen Glanz, denn die ganze Welt war zum Geburtstag geladen, zumindest die Regierungsvertreter. Auch seit der Amtszeit Wladimir Putins, selbst Petersburger, hat sich viel in der Stadt verändert: Er will den Status der schönsten Stadt des Landes nach Jahren des Niedergangs wieder herstellen und St. Petersburg zur Finanz- und Touristenmetropole entwickeln.

Dies zeigt sich nicht nur darin, dass er seine Heimatstadt immer wieder als Schauplatz politischer Spitzentreffen wählt, sondern an allen Ecken und Winkeln der Stadt wird auch gebaut und restauriert. Etwa

Die neue Zeit – dynamischer Wandel

400 Millionen Dollar hat die Regierung zum Jubiläum für Petersburg ausgegeben, zusätzlich gab die Welt-

Die Schlossbrücke im Dämmerlicht: Während der »Weißen Nächte« liegt ein Hauch von Mystik und Romantik über der Stadt.

Das Russische Museum steht trotz seiner einmaligen Sammlung russischer Kunst etwas im Schatten der berühmteren Eremitage.

bank 150 Millionen Dollar, denn Petersburg gehört zum Weltkulturerbe der Vereinten Nationen. 8000 Bauwerke stehen unter Denkmalschutz, darunter 400 Paläste.

St. Petersburg ist eine Stadt, die man gut zu Fuß erleben kann, obwohl die Entfernungen manchmal sehr groß sind. Dass man sich hier inzwischen besser auf Touristen eingestellt hat als in anderen russischen Städten, zeigt sich an den vielen Cafés, Clubs und Restaurants, die hier ebenso zahlreich sind wie in anderen europäischen Metropolen.

Was die Besucher neben den schönen Parkanlagen, den Kanälen, Brücken und Palästen am meisten fasziniert, sind die »Weißen Nächte«. In dieser Zeit von Ende Mai bis Anfang Juli, wenn es nicht dunkel wird, wenn die Menschen an der Newa promenieren, leuchten die gelb, mattgrün, blau oder orangefarben gestrichenen Fassaden in einem märchenhaften Licht, das man nie mehr vergessen wird. »Weiße Nächte«, das bedeutet Licht. Licht für mindestens 20 Stunden am Tag.

Magisches Licht – Weiße Nächte

Entsprechend lebendig geht es in der nördlichsten Großstadt der Welt zu: Eine bleiche nächtliche Helligkeit lässt die Menschen nicht schlafen, das Volk flaniert, tanzt und feiert. Unentwegt sind die Petersburger in dieser Zeit auf den Beinen. Die Theater locken mit Premieren, in den Clubs erklingt bis in die frühen Morgenstunden die Musik, und die Brücken über der Newa öffnen sich nachts. Die herrlichen Sommermonate belohnen die Bewohner Petersburgs Jahr für Jahr dafür, dass sie die feuchten und kalten Winter ertragen haben.

Russen sagen, dass Nowgorod der Vater, Kiew die Mutter und Moskau das Herz Russlands seien. Und St. Petersburg? – Es scheint, es ist alles zugleich und noch mehr: nämlich ein Symbol Russlands, wie es sein könnte, wenn es sich eines Tages aus seinen historischen Fesseln befreit haben wird.

Gewusst wo ...

Marmor und Kristall schmücken das Jelissejew – seit über 100 Jahren das Einkaufsparadies wohlhabender Gourmets.

Genießen wie einst die russischen Zaren: Wohnen im Hotel Astoria, einkaufen im Jelissejew und einen unvergesslichen Abend im Mariinskij-Theater erleben.

Übernachten

In Grandhotels und »Hotelburgen« aus der Sowjetzeit spiegelt sich der politische Wandel wider.

Hier trifft sich die neu entstandene Klasse der russischen »Nouveaux Riches« – im Grand Hotel Europe.

An der Spitze der Petersburger Hotellerie stehen das Astoria und das Grand Hotel Europe.

Die meisten Betten in der Stadt findet man in den »Hotelburgen« der Sowjetzeit, wie das Pulkowskaja, das Pribaltijskaja und das Moskwa, die inzwischen jedoch meist nach westlichem Standard renoviert sind. Auch der Service nähert sich internationalen Maßstäben. Eine Zimmerreservierung ist für alle Hotels empfehlenswert, vor allem zur Zeit der »Weißen Nächte«.

Bei Buchung über das Internet gewähren manche Hotels ihren Gästen 10% Rabatt.

Hotels im Internet:
www.lodging.ru
www.hotels.msk.ru
www.1001hotels.ru
www.saint-petersburg-hotels.com

MERIAN-Tipp

1 Astoria

Im Herzen der Altstadt und an einem der schönsten Plätze, dem Isaaks-Platz, gelegen, bietet das Astoria dem Gast Luxus der besonderen Art: Das Haus gehört zur Rocco Forte Gruppe, die den Jugendstilcharme des Hotels bestens zu bewahren wusste. Die Ausstattung und der Service sind exzellent! 1912 eröffnete das Astoria und hat seither eine illustre Gästeliste vorzuweisen.

Большая Морская ул. 39 (Bolschaja Morskaja ul. 39); Tel. 313-57 57, Fax: 313-59 15; www.roccofortehotels.com; Busse 5, 22; 433 Zimmer
●●●● → S. 119, E 14

Hotels ●●●●

Grand Hotel Europe

→ S. 120, B 17

Das älteste Hotel der Stadt, das seit 1875 existiert, gehört immer noch zu den ersten Häusern. Seit der Restaurierung und Neueröffnung 1991 gehört das traditionsreiche legendäre Jugendstilgebäude zu den luxuriösesten und teuersten Hotels der Stadt. Hier nächtigten schon Peter Tschaikowsky, Sergei Prokofiew und George Bernard Shaw. Heute wird der perfekte Service (von Orient-Express gemanagt) auch von der internationalen Businesswelt und finanzstarken Weltenbummlern geschätzt.

Невский пр./Михайловская ул. 1/7 (Newskij Prospekt/Michajlowskaja ul. 1/7); Tel. 329-60 00, Fax 329-60 01; www.grand-hotel-europe.com; Metro: Newskij Prospekt (c 3); 301 Zimmer
●●●● CREDIT

Jelissejew Palace

→ S.120, A 17

In einem 200 Jahre alten Palast nahe dem Newskij ist ein Kleinod entstanden: 29 Zimmer, die alle individuell und luxuriös ausgestattet sind. Es ist das einzige Petersburger Hotel, das zu der Kette der The Leading Small Hotels of the World gehört, doch das hat seinen Preis, denn unter 400 € ist kein Zimmer zu bekommen.

Мойка 59 (Mojka 59); Tel. 324 9944/Fax 1 17 96 46,www.eliseevpalacehotel.com; Metro: Newskij Prospekt (c 3), 29 Zimmer
●●●● CREDIT

Newskij Palace

→ S.121 , E 18

In der gleichen Preisklasse wie das Europe angesiedelt, kann das Newskij allerdings nicht mit dessen historischem Flair mithalten. Die schöne Eingangshalle sollte nicht über die schlichte Ausstattung der Zimmer hinwegtäuschen. Geführt wird das Haus von der Corinthia-Gruppe, guter Service.

Невский пр. 57 (Newskij pr. 57); Tel. 380-20 01, Fax 380-19 38; www.corinthia.com; Metro: Majakowskaja (d 3–4); 288 Zimmer ●●●● CREDIT

Radisson SAS Royal

→ S. 121, D 18

An der Ecke Newskij/Wladimirskij Prospekt entstand 1880 das Hotel

Moskwa, einige Schritte vom Moskauer Bahnhof entfernt. In der Sowjetzeit wurde das Haus nicht mehr als Hotel genutzt, doch zur Jahrtausendwende wurde saniert und das Radisson als ein Vier-Sterne-Haus eröffnet. Hoher Komfort mitten im Zentrum.
Невский пр. 49 (**Newskij pr. 49); Tel. 322-50 00, Fax 322-50 02; www.radissonsas.com; Metro: Majakowskaja/ Pl. Wosstanija; 164 Zimmer** ●●●● CREDIT

HOTELS ●●●

Angleterre S. 119, E 15
Das Vier-Sterne-Hotel gehört wie das daneben liegende Astoria zur Rocco Forte Gruppe. Viele der modern designten Zimmer haben einen Blick auf die Isaakskathedrale. In einem dieser Zimmer tötete sich im Dezember 1925 der Dichter Sergei Jessenin.
Большая Морская ул. **39 (Bolschaja Morskaja ul. 39); Tel. 313-56 66, Fax 313-51 25; www.angleterrehotel.com, Bus: 5, 22; 192 Zimmer** ●●● CREDIT

X

Dostojewski S. 121, D 19
Modernes Drei-Sterne-Hotel über der Wladimir-Passage, zentrale Lage, guter Service.
Владимирский пр. 19 (**Wladimirskij pr. 19); Tel./Fax 325-33 66; Metro: Dostojewskaja/Wladimirskaja (c 4), 207 Zimmer** ●●● CREDIT

Neptun S. 119, südl. E/F 16
Moderne Architektur mit großzügigen Zimmern. Die Lage ist nicht sehr zentral, aber das Hotel ist eines der wenigen Drei-Sterne-Häuser mit Pool und Fitnessräumen.
Обводный канал **93a (Obwodnyj kanal 93a); Tel. 324-46 10, Fax 324-46 11; www.bestwestern.com; Metro: Puschkinskaja (c 4); 66 Zimmer** ●●● CREDIT

Pribaltijskaja S. 112, westl. A 4
Das größte Hotel St. Petersburgs wurde 1979 gebaut. Das 17-stöckige Hochhaus am Westufer der Wassili-Insel ist bei Gruppenreisenden beliebt. Einzelreisende zahlen jedoch für das Zimmer einen unangemessen hohen Preis. Der Weg ins Zentrum ist weit; das Hotel befindet sich aber in der Nähe der LenExpo.
ул. Кораблестройтелей 14 (**ul. Korablestroitelej 14); Tel. 356-0158, Fax 356-44 96; Metro: Primorskaja (a 2), Bus 7, 128; 2000 Betten** ●●● CREDIT

Das Angleterre bietet ebenso guten Service wie das Astoria, besitzt jedoch eine moderne Zimmerausstattung.

Genießen mit Ambiente: Die Gäste des Astoria haben einen herrlichen Ausblick auf das historische Zentrum.

HOTELS ●●

Alexander House → S. 119, D 16
Kleines Hotel in einem Haus aus dem 19. Jh., in der Nähe des Mariinskij Theaters gelegen. Die meisten Zimmer haben den Blick zum Krjukow-Kanal. Guter Service.
наб. Крукова Канала 27 (**nab. Krjukowa Kanala 27); Tel. 259-68 77, Fax 259-68 79; E-Mail: ahouse@mail.ru; Bus 22; 14 Zimmer ●● CREDIT**

Matisov Domik → S. 118, B 16
Zwischen Mariinskij-Theater und Hafen liegt dieses familiär geführte Hotel. Klein, komfortabel und gemütlich.
наб. Реки Пряжки 3/1 (**nab. Reki Prjaschki 3/1); Tel. 318-54 45, Fax 318-74 19, www.matisov.spb.ru; Metro: Technologitscheskij Institut, dann Tram 31; 39 Zimmer ●● CREDIT**

Oktjabrskaja → S. 121, F 18
Zentral gelegen direkt gegenüber dem Moskauer Bahnhof. Einfach, aber sauber und renoviert. Allein der Service ist noch ein wenig »sowjetisch«.
Лиговский пр. 10 (**Ligowskij pr. 10); Tel. 277-62 55, 277 63 30, Fax 315-75 01; www.oktober-hotel.spb.ru; Metro: Majakowskaja/Pl. Wosstanija (d 3); 500 Zimmer ●● MASTER**

Pulkowskaja → S. 120, südl. A 20
1981 gebaut vis-à-vis vom Siegesplatz, der an die Belagerung Leningrads und an den Sieg der Roten Armee im Zweiten Weltkrieg erinnert. Beliebt für Gruppenreisen!
Pl. Pobedy 1 (pl. Pobedy 1); Tel. 140-39 00, Fax 140-39 24; www.pulkovskaya.ru; Metro: Moskowskaja (b 6), mit allen Bussen eine Station; 800 Zimmer ●● bis ●●● CREDIT

St. Petersburg → S. 115, D 5
Das frühere Hotel Leningrad. Traumhaft am Ufer der Newa gelegen, mit zauberhaftem Blick auf die historische Kulisse der Stadt.
Пироговская наб. 5/2 (**Pirogowskaja nab. 5/2); Tel. 380-19 19, Fax 380-1906; www.hotel-spb.ru; Metro: Pl. Lenina (d 2-3); 700 Betten ●● CREDIT**

Turgenjew → S. 120 , A 17
Im Herzen der Altstadt liegt diese kleine Pension im dritten Stock eines Hauses, in dem einst der Schriftsteller Turgenjew lebte. Ausgezeichnetes Frühstück und freundlicher Service.
Большая Конюшенная 13 (Bolschaja Konjuschennaja 13); Tel. 314-45 29, Fax 311-51 80, Metro: Newskij Prospekt (c 3); 4 Zimmer ●● CREDIT

Mercury → S. 116, B 11
Sympathisches Hotel in einem Gebäude der Jahrhundertwende. Die Zimmer sind modern und komfortabel. Das 1990 renovierte Haus, in dem 1918 Leo Trotzki wohnte, ist vor allem bei Geschäftsleuten beliebt.
Таврическая ул. 39 (Tawritscheskaja ul. 39); Tel. 325-64 44, Fax 278-19 77; Metro: Tschernyschewskaja (d 3); 16 Zimmer ●● CREDIT

Moskwa → S. 122, C 24
Großes Hotel aus der Sowjetzeit, das gern von Gruppenreisenden genutzt wird. Die Lage ist vorzüglich in Sichtweite des Alexander-Newski-Klosters, sehr gute Verkehrsverbindung. Es gibt eine renovierte Etage – die Zimmer kosten allerdings 60 € Aufpreis!
пл. Александра Невского 2 (pl. Aleksandra Newskowo 2); Tel. 274-00 22, Fax 274-21 30; www.hotel-moscow.ru; Metro: Pl. Aleksandra Newskowo (d 4); 770 Betten ●● CREDIT

Ochtinskaja → S. 117, F 10
1991 gebaut, östlich der Smolnyj-Kathedrale am Ufer der Newa etwas außerhalb des Zentrums gelegen. Moderne Zimmer, Sauna und großes Businesscenter.
Большеохтинский пр. 4 (Bolscheochtinskij pr. 4); Tel. 222-86 01, Fax 227-25 14; www.okhtinskaya.spb.ru; Metro: Nowotscherkasskaja (e 4–f 5), Straßenbahnen 7, 28, 46; 570 Betten ●● CREDIT

Sowjetskaja → S. 119, südl. D 16
Hochhaushotel aus der Sowjetzeit, am Ufer der Fontanka gelegen. Einige Etagen besitzen so genannte »Business-Zimmer«, für die allerdings ein Aufschlag von bis zu 60 € verlangt wird. Verschiedene Restaurants und Sauna.
Лермонтовский пр. 43/1 (Lermontowskij pr. 43/1); Tel. 140-26 40, Fax 251-88 90; www.sovetskaya.com; Metro: Technologitscheskij Institut (b 4); an die 1000 Zimmer ●● CREDIT

Hotels ●

Bed&Breakfast → S. 120, A 17
Ob Luxusapartment oder Zimmer mit Familienanschluss (ab 20 €), diese Agentur vermittelt Privatunterkünfte in ganz Petersburg. Wer günstig wohnen und Land und Leute besser kennen lernen möchte, sollte hier nachfragen.
Большая Конюшенная ул. 3/15 (Bolschaja Konjuschennaja ul. 3/15); www.bednbreakfast.sp.ru; Tel. 315-19 17, Fax 315-04 95; Metro: Newskij Prospekt (c 3)

Tschajka → S. 113, nördl. F 1
Das 1989 eigentlich für ausländische Bauarbeiter und Restaurateure gebaute Apartment-Hotel steht nun auch Touristen offen. Ein- bis Drei-Zimmer-Apartments mit Küche.
Серебристый Бульвар 38 (Serebristyj Bulw. 38); Tel. 301-75 75, Fax 301-56 22; www.chaika.spb.ru; Metro: Pionerskaja (c 2); 147 Apartements ● CREDIT

Hotels in der Umgebung

Baltijskaja Swesda
Etwa 30 Minuten fährt man vom Zentrum bis zum Finnischen Meerbusen in Strelna, wo der renovierte Konstantin-Palast steht, das neue Repräsentationsobjekt der Regierung Putin. Der »Baltische Stern« ist ein luxuriöses Hotel mit 106 Zimmern, Sauna und Pool. Möglich ist es auch, eines der 20 Landhäuser zu mieten, die dem Hotel angeschlossen sind.
Березовская алл. 3 (Beresowskaja all. 3); Strelna; Tel. 438-57 00; Fax 438-58 88; www.balticstar-hotel.ru; ●●● bis ●●●● CREDIT

DIE LUST AM REISEN HAT EIN NEUES ZIEL.

magazin | live! | classic | guide | kompass | scout

Alte Herrensitze und Birkenwälder, Skater und Dirigenten, hanseatisches Kalkül und eine einsame Dünenwelt – geballtes Baltikum! Das MERIAN *Magazin:* Reportagen von exzellenten Fotografen und den besten Autoren der Welt – mit aktuellen Informationen, nützlichen Tipps und umfangreichem Kartenmaterial. Für anspruchsvolle Reisende, die das Erlebnis für alle Sinne suchen. Im gut sortierten Buchhandel oder unter Tel. 0 40/87 97 35 40 und **WWW.MERIAN.DE**

MERIAN

Die Lust am Reisen

Essen und Trinken

Die russische Küche bietet mehr als Lachs und Kaviar – die Petersburger verstehen es zu genießen.

Borschtsch – es gibt viele Rezepte für den köstlichen Gemüseeintopf. Besonders gut schmeckt er mit etwas Schmand.

Die Petersburger Restaurantszene bietet inzwischen eine große kulinarische Vielfalt: Chinesische, georgische oder italienische Küche sind ebenso zu finden wie Sushi-Bars. Doch wer nach Russland fährt, um die russische Küche zu genießen, wird natürlich auch nicht enttäuscht.

Das Köstlichste an der russischen Küche sind die »Sakuski« – die Vorspeisen. Sie bestehen traditionell aus verschiedenen Sorten geräucherten Fischs, kalten Bratenaufschnitts, verschiedenen Salaten aus Roter Bete oder Möhren mit Kraut, eingelegten Pilzen oder Gurken und Tomaten, die unzubereitet mit frischen Kräutern auf den Tisch kommen.

Danach sollte man unbedingt die russischen Suppen probieren: Schtschi, Borschtsch, Soljanka oder Ucha zu denen man Piroschki oder Brot isst. Als Hauptgericht ist natürlich Bœuf Stroganoff zu empfehlen oder auch eines der zahlreichen Fischgerichte.

In den Restaurants der höheren Preiskategorie wird dem Besucher eine Speisekarte in englischer Sprache gereicht. Man wartet in den Restaurants, bis man einen Platz angewiesen bekommt. Manche Restaurants werden auch einfach nur als Café bezeichnet, aber auch dort bekommt der Gast etwas zu essen, meist sind die Gerichte sogar etwas preiswerter.

MERIAN-Tipp

2 Idealnaja Tschaschka

Die Kette »Idealnaja Tschaschka« macht ihrem Namen »ideale Tasse« alle Ehre: Den Kaffee gibt es in allen Variationen, außerdem Gebäck, Kringel und Sandwiches. Dazu einen Handzettel mit aktuellen Tipps, was in der Stadt los ist (auf Russisch). Hier treffen sich die jungen Petersburger Intellektuellen zum Lesen, Reden und Austauschen von Infos.

Newskij pr. 130; Tel. 277-07 30; Metro: Pl. Wosstanija (d 3); Newskij pr. 112; Tel. 275-71 40; Metro: Pl. Wosstanija (d 3); Newskij pr. 15; Tel. 315-09 27; Metro: Newskij Prospekt/Gostinyj Dwor (c 3); Kamennoostrowskij pr. 2; Tel. 233-49 53; Metro: Gorkowskaja (c 3); Kirotschnaja ul. 19; Tel. 275-58 35; Metro: Tschernyschewskaja (d 3); tgl. 9–23 Uhr, im Sommer bis 5 Uhr → S. 119, F 13

Restaurants ●●●●

Aquarel → S. 113, E 3

Das erste Fusion-Food-Restaurant in Petersburg. Den Mix von exzellenter asiatischer und europäischer Küche kreiert der französische Chefkoch Alexandre Geffroy. Wie ein Boot liegt das Restaurant auf einer Plattform in der Newa, und von den großen Fenstern bietet sich ein schöner Panoramablick auf die Stadt.

Am Newa-Ufer auf der Petersburger Seite nahe der Börsenbrücke; Tel. 320-86 00, tgl. 12–6 Uhr; Bus 1, 7 ●●●● CREDIT

Davidov's → S. 119, E 14

Sehr schönes Restaurant im Hotel Astoria, in dem man unter Kronleuchtern speist; mit Blick auf die Isaaks-Kathedrale. Die Küche serviert russische Leckereien auf höchstem Niveau: feinste Kaviarsorten mit Bliny und ausgezeichnete Fisch- und Fleischgerichte. Neben einer umfangreichen Weinkarte stehen 20 Sorten Wodka zur Auswahl.

Большая Морская ул. **39 (Bolschaja Morskaja ul. 39); Tel. 313-58 15; tgl. 12–23 Uhr; Bus 5, 22 ●●●● CREDIT**

Demidow → S. 121, D 17

Im alten Stadtkern, am Ufer der Fontanka gelegen; elegantes Restaurant mit restaurierten Räumen aus dem 18. Jh., das traditionelle russische Küche vom Feinsten serviert.

наб. Реки Фонтанки **14 (nab. Reki Fontanki 14); Tel. 272-91 81; Metro: Majakowskaja (d 3-4); tgl. ab 18 Uhr bis zum letzten Gast ●●●● CREDIT**

Dworjanskoje Gnesdo → S. 119, D 15

Das »Adelsnest« im ehemaligen Teesalon des Jussupow-Palastes gehört zu den feinsten Restaurants in St. Petersburg. Europäische Küche steht auf der Karte, und nach dem Besuch im Mariinskij–Theater hat man nur ein paar Schritte zu laufen!

ул. Декабристов **21 (ul. Dekabristow 21); Tel. 312-32 05; Bus: 22; tgl. ab 12 Uhr bis zum letzten Gast** ●●●●

Europe → S. 120, B 17

Ein Besuch des Restaurants lohnt sich allein schon wegen des zauberhaften Jugendstilambientes, mit schönen Séparées. Russisch-europäische Küche, hohe Preise.

Михайловская ул. **1/7/Nevskij pr. (im Grand Hotel Europe, Michajlowskaja Ul. 1/7/Newskij Pr.); Tel. 329-60 00; Metro: Newskij Prospekt (c 3); tgl. 19–23 Uhr** ●●●● CREDIT

Landskrona → S. 120, E 18

Im 8. Stock des Hotels Newskij Palace sitzt man hier über den Dächern der Stadt und genießt die vorzügliche Fischküche.

Невский пр. **57 (im Hotel Newskij Palace, Newskij pr. 57); Tel. 380-20 01; Metro: Majakowskaja (d 3-4); tgl. 18.30–12 Uhr** ●●●● CREDIT

Sa Szenoj → S. 119, D 15

Beliebtes Restaurant bei den Stars des Mariinskij-Theaters. Selbst Placido Domingo genießt hier nach seinen Vorstellungen die erstklassige Küche. Außergewöhnliches Ambiente.

Театралная пл. **18/10 (Teatralnaja pl. 18/10); Tel. 327-06 84; Bus 22, Tram 5; tgl. 12–2 Uhr** ●●●● CREDIT

RESTAURANTS ●●●

Austerija → S. 114, A 6

Ein typisches russisches Restaurant mit russischer Küche. Innerhalb der Peter-und-Paul-Festung gelegen, aber im äußersten Befestigungsring. Mittags in der Saison meist von Reisegruppen ausgebucht, aber abends lohnt sich ein Besuch, denn das Ambiente ist der Zeit Peter des Großen nachempfunden.

Peter-und-Paul-Festung; Tel. 2 30-03 69; Metro: Gorkowskaja (c 3); tgl. 12–24 Uhr ●●● CREDIT

Camelot → S. 120, A 17

Dieses beliebte Themenrestaurant versetzt seine Gäste in die Zeit von König Artus und seiner Tafelrunde. Originelle Küche und beste Zutaten.

Невский пр. **22 (Newskij Prospekt 22); Tel. 3 25-99 06; Metro: Newskij Prospekt/Gostinyi Dwar (c3); tgl. 12–1 Uhr** ●●● CREDIT

Trotz König Artus als Tischnachbar: Im Camelot wird auch russisch gekocht.

Ambiente, Aussicht, Küche: Alles stimmt im Davidov's im Hotel Astoria.

Kalinka → S.112, C 4
Die Küche ist traditionell russisch und das Ambiente folkloristisch, die Musik ebenso. Etwas laute Atmosphäre.
Сьездовская Линия 9 (Sesdowskaja Linija 9); Tel. 323-37 18; Bus 10, 23; tgl. 13–23 Uhr ●●● CREDIT

Literaturnoje Kafe → S. 120, A 17
Puschkin besuchte das damalige »Café Wolf und Beranger« vor seinem Duell im Jahre 1837 mit seinem Sekundanten. Über Jahrzehnte hinweg war es Treffpunkt von Literaten, heute versucht man, an diese Tradition anzuknüpfen. Die Gerichte aus der einheimischen Küche sind nicht gerade Spitzenklasse. Aber aus nostalgischen Gründen lohnt sich ein Besuch.
Невский пр. 18 (Newskij pr. 18); Tel. 312-60 57; Reservierung erwünscht; Metro: Newskij Prospekt/Gostinyj Dwor (c 3); tgl. 11–1 Uhr ●●● CREDIT

Sadko's → S. 120, B 17
Modernes Ambiente, gute Musik, eine umfangreiche Speisekarte und dazu gratis der Blick auf den Newskij. Kleine Gerichte und Bier vom Fass!
Михайловская ул. 1/7 (im Grand Hotel Europe, Michajlowskaja ul. 1/7, Ecke Newskij Pr.); Tel. 329-60 00; Metro: Newskij Prospekt/Gostinyj Dwor (c 3); tgl. 11– 2 Uhr ●●● CREDIT

Schwabskij Domik (Schwaben Häusle) → S. 121, östl. F 23
Für Leute die Lust auf schwäbische Gerichte, deutsche Weine und Fassbier haben – ein Tipp!
Новочеркасский пр. 28/19 (Nowotscherkasskij pr. 28/19, früher: Krasnogwardejskij pr.); Tel. 528-22 11/528-06 69; Reservierung erwünscht; Metro: Nowotscherkasskaja (e 4-f 5); tgl. 11–1 Uhr ●●●

St. Petersburg → S. 114, B 8
Direkt am Gribojedow-Kanal gegenüber der Christi-Auferstehungs-Kathedrale gelegen. Europäische Küche und große Weinkarte. Das Restaurant ist vor allem bei den »neuen Russen« beliebt.
наб. Кан. Грибоедова 5 (nab. Kan. Gribojedowa 5); Tel. 314-48 76; Metro: Newskij Prospekt/Gostinyj Dwor (c 3); tgl. 12–1 Uhr ●●●

RESTAURANTS ●●

Brazilia → S. 116, A 18
Original brasilianische Küche, nicht nur exotische Cocktails und Desserts werden geboten, sondern auch Rodizio, elf verschiedene Fleisch- und Fischsorten. Dazu Live-Jazz und lateinamerikanische Musik, garantiert gute Stimmung!
Казанская ул. 24 (Kasanskaja ul. 24);

Tel. 320-87 77; Metro: Sennaja Pl./Sadowaja (b 4); tgl. 12 Uhr bis zum letzten Gast ●● [Kreditkarten nicht akzeptiert]

La Cucaracha S. 121, D 18
Mexikanische Küche und am Freitag- und Samstagabend lateinamerikanische Livemusik. Dann wird hier getanzt, und die Stimmung ist ausgelassen, im Sommer kann man auch im Garten sitzen.
Фонтанка 39 (Fontanka 39); Tel. 110-40 06; Metro: Newskij Prospekt/Gostinyj Dwor (c 3); tgl. 12–1 Uhr, Fr und Sa bis 5 Uhr ●● CREDIT

Idiot S. 119, D 15
Lila Kellergewölbe mit gemütlichen Sofas, vegetarischer Küche und vielen Teesorten! Hier treffen sich vorzugsweise die Petersburger Boheme und in Petersburg lebende Ausländer.
Мойка 82 (Mojka 82); Tel. 315-16 75; Metro: Sadowaja/Sennaja Ploschad (b 4); tgl. 11–1 Uhr ●●

Ili-Ili S. 120, C18
Sehr modernes Ambiente in diesem Restaurant-Café, abends spielt auch ein DJ auf. Internationale Küche, günstige Preise und das Publikum: schicke junge Petersburger.
Невский пр. 52 (Newskij pr. 52); Tel. 3 31-90 90, www.ili.net.ru; Metro: Newskij Prospekt/Gostinyj Dwor (c 3); tgl. 24 Std. ●● CREDIT

Jakitorija S. 120, C 18
Sushi-Bar im original japanischen Stil. Der Fisch ist superfrisch!
пл. Островского 5/7 (pl. Ostrowskowo 5/7); Tel. 315-83 43; Metro: Newskij Prospekt, Gostinyj Dwor (c 3); tgl. 11–6 Uhr ●● CREDIT

Kalif S. 114, A 8
Ein Märchen aus 1001 Nacht: usbekischer Bauchtanz, Kellner im orientalischen Gewand, exzellente Küche und ein österreichischer Koch, der original usbekisch kocht: Plow und andere Köstlichkeiten.
Миллионная ул. 21 (Millionnaja ul. 21); Tel. 312-22 66; Metro: Newskij Prospekt/Gostinyj Dwor (c 3); tgl. 12–24 Uhr ●● VISA MASTER

Kawkas Bar S. 120, C 17
Gutes Schaschlik und andere kaukasische Spezialitäten. Besonders gut der Käse und die Kräuterbouquets! Drinnen sitzt man etwas eng, aber im Sommer kann man nach draußen ausweichen.
Караванная ул. 37 (Karawannaja ul. 18), Tel. 312-16 65; Metro: Newskij Prospekt/Gostinyj Dwor (c 3); tgl. 11–1 Uhr ●●

Im konstruktivistischen Interior des Propaganda trifft sich die junge Petersburger Szene.

Metropol S. 120, B 18
Dieses Restaurant wurde bereits 1825 gegründet und war seinerzeit ein beliebter Treffpunkt junger adliger Offiziere. In der Sowjetzeit feierten die Petersburger hier gerne ihre Hochzeiten. Abends spielt die Kapelle zum Tanz auf, Essen wird dann zur Nebensache. Bestellen Sie hier »Kiewer Koteletts«, mit heißer Butter gefüllte Hühnerbrust.
Садовая ул. 22 (**Sadowaja Ul. 22); Tel. 310-18 45 und 310-22 81; Metro: Newskij Prospekt, Gostinyj Dwor (c 3); tgl. 12–24 Uhr** ●●

Park Giuseppe S. 114, B 8
Eine Oase mitten in der Stadt: Durch die Fenster des modernen Wintergartens eröffnet sich der Blick auf den Michaelsgarten und die Christi-Auferstehungs-Kathedrale. Italienische Küche; vor allem die original neapolitanische Pizza aus dem Holzofen ist lecker!
наб. Канала Грибоедова 2b (**nab. Kanala Gribojedowa 2b); Tel. 117-73 09; Metro: Newskij Prospekt, Gostinyj Dwor (c 3); tgl. 9–6 Uhr** ●● CREDIT

Propaganda S. 120, D 18
Sowiet-Chic und amerikanische Speisekarte (Burger und Cocktails) harmonieren ganz gut, für größere Gruppen sind auch russische Menüs im Angebot.
Фонтанки ул. 40 (**Fontanka 40); Tel. 2375-35 58; Metro: Newskij Prospekt (c 3); tgl. 13–3 Uhr** ●● CREDIT

Restoran S. 114, E 4
Alles ist hell und licht, die Tische groß, die Stühle bequem, die Spiegel an den Wänden golden. Die Küche serviert exzellente russische Spezialitäten, die gar nicht mal so teuer sind. Die Sakuski und die Desserts vom Büffet sind superlecker! Sehr trendy!
Таможенный пер. 2 (**Tamoschennyj per. 2); Tel. 327-89 79; Bus 1,7, 10; tgl. 12–24 Uhr** ●● CREDIT

Schestoj Ugol S. 121, D 19
Seltsam die »sechste Ecke«: der Raum, die Tische, alles kippt! Die Speisekarte unterhält mit sowjetischen Anekdoten. Sehr beliebt bei den Petersburgern!
Разьезжая ул. 3 (**Rasjesschaja ul. 3); Tel. 315-88 73; Metro: Wladimirskaja/ Dostojewskaja (c 4); tgl. 12–2 Uhr** ●● CREDIT

Schury-Mury S. 119, D 14
Im kleinen »Techtel-Mechtel« geht es romantisch und gemütlich zu. Die Küche ist einfach und bietet russische und europäische Gerichte. Die Preise sind moderat.
Галерная ул. 28 (**Galernaja ul. 28); Tel. 110-67 44; Bus 5, 22, tgl. 11–24 Uhr** ●● CREDIT

Tbilissi S. 113, E 1
Kleines georgisches Restaurant mit sehr moderaten Preisen und nettem Service. Die Sakuski sind besser als die Hauptspeisen!
Сытнинская ул. 10 (**Sytninskaja ul. 10); Tel. 232-93 91; Metro: Gorkowskaja (c 3); tgl. 12–23 Uhr;** ●● CREDIT

Tschajka S. 120, B 17
Hamburg ist die Partnerstadt von St. Petersburg, und so machte es Sinn, dass als erstes deutsch-russisches Lokal eine Hamburger Bierkneipe eröffnet wurde – mit Hamburger und russischen Spezialitäten. Bis 3 Uhr morgens geöffnet, ist das gemütliche Lokal, das direkt am Gribojedow-Kanal liegt, bestens für einen »Absacker« und Bratkartoffeln geeignet.
наб. Кан. Грибоедова 14 (**nab. Kan. Gribojedowa 14); Tel. 312-46 31; Metro: Newskij Prospekt, Gostinyj Dwor (c 3); tgl. 11–3 Uhr** ●● CREDIT

RESTAURANTS ●

Bistro Samson S. 113, F 1
Solide Fleischgerichte, Salat vom Büffet, Baltika Bier – und das alles zu günstigen Preisen. Auch geeignet für alle, die in Eile sind.

Каменноостровский пр. 16 (Kamennoostrowskij pr. 16); Tel. 325-25 45; Metro: Gorkowskaja (c 3); tgl. 11–23 Uhr
● CREDIT

Bliny Domik

→ S. 121, E 19

Bliny in allen Variationen: mit Fleisch, Fisch, Eiscreme, Marmelade und natürlich auch mit Kaviar. Einfach, preiswert und gut.

Колоколная ул. 8 (Kolokolnaja ul. 8); Tel. 315-99 15; Metro: Wladimirskaja/Dostojewskaja (c 4); tgl. 10–21 Uhr
● CREDIT

Café Chatschapuri

→ S. 120, südl. A 20

Wenn man wenig Zeit hat und einmal die gute kaukasische Küche probieren will, dann ist dieses georgische Selbstbedienungsrestaurant genau das Richtige.

ул. Егорова 18 (ul. Jegorowa 18); Metro: Technologitscheskij Institut (b 4); tgl. 12–23 Uhr ●

Mascha i medwed (Mascha und der Bär)

→ S. 120, C 18

Rustikale Holzeinrichtung, dazu passend die russische Hausmannskost und die Hemden der Kellner und den Bären gibt es natürlich auch. Gut und preiswert!

Малая Садовая 1 (Malaja Sadowaja 1); Tel. 310-46 31; Metro: Gostinyj Dwor (c 3); tgl. 11–23 Uhr ● MASTER VISA

Petrowskij Sal

→ S. 115, D 5

Aus dem Restaurant im 10. Stockwerk des Hotels St. Petersburg hat man einen unvergesslichen Blick auf die Stadt. Allein schon deswegen lohnt ein Besuch. Das Essen ist eher durchschnittlich.

Пироговская наб. 5/2 (Pirogowskaja nab. 5/2, früher Wiborgskaja Nab.); Metro: Pl. Lenina (d 2-3), Straßenbahnen 6, 30, 63 ● CREDIT

Prijut Strannika

→ S. 119, südl. E 16

Preiswert und solide, wie in sowjetischen Zeiten. Es ist nicht sehr gemütlich, aber die Küche liefert gute Hausmannskost. Und viele Petersburger essen hier.

Фонтанка 127 (Fontanka 127/Ecke Wosnessenskij pr.); Tel. 310-15 34; Metro: Sennaja Pl. Sadowaja (b 4); tgl. 11–23 Uhr ●

Speisen in exquisitem Ambiente – das Restaurant Europe.

Schili-Byli

→ S. 120, A 17 und S. 121, E 18

Alle typischen Gerichte der russischen Küche wie Salate, Borschtsch und Pelmeni gibt es in den beiden Filialen des Imbiss-Restaurants, aber auch leckere Kuchen werden in großer Auswahl angeboten. Sehr günstig. Mittags lange Schlangen am Buffet!

Невский пр. 20; 52 (Newskij pr. 20 und 52); Metro: Newskij Prospekt/Gostinyj Dwor (c 3) und Majakowskaja/Pl. Wosstanija (d 3); tgl. rund um die Uhr geöffnet ●

Vegetarjanskoje Bistro

→ S. 121, D 18

Das Selbstbedienungsrestaurant bietet gute, leichte und vegetarische Kost für zwischendurch. Einfach und günstig! In den Hauptzeiten muss man oft lange anstehen.

Владимирский пр. **1 (Wladimirskij pr. 1); Metro: Majakowskaja/ Pl. Wosstanija (d 3); tgl. 9–22.45 Uhr** ●

Cafés und Internetcafés

Aurora ⟶ S. 120, C 18

Gegenüber vom Katharinendenkmal liegt Petersburgs erster echter Tea-Room: klassisch-elegante Atmosphäre bei großer Teeauswahl, Kuchen und Desserts.

Невский пр. **60 (Newskij pr. 60); Metro: Newskij Prospekt/ Gostinyj Dwor (c 3); tgl. 11–21 Uhr**

Bahlsen Le Café ⟶ S. 122, B 23

Café und Bistro, morgens kann man hier lecker frühstücken, zwischendurch kleine Snacks, und am Nachmittag stehen hausgemachte Kuchen zur Auswahl.

Невский пр. **142 (Newskij pr. 142); Tel. 271-28 11; Metro: Pl. Wosstanija (d 3–4); tgl. 8–24 Uhr**

Café Vienna ⟶ S. 121, E 18

Wenn man vom Newskij Prospekt mit seinem lärmenden Verkehr und dem Gedränge der vielen Passanten kommt und daraufhin das Café Vienna betritt, fühlt man sich tatsächlich in eine andere Welt versetzt. Ein österreichischer Konditor stellt das beeindruckende Angebot der Wiener Torten täglich frisch her. Von Top-Qualität ist auch der Kaffee. Im Hotel Newskij Palace (→ S. 13).

Невский пр. 57 **(Newskij pr. 57); Metro: Majakowskaja (d 3-4); tgl. 12–23 Uhr**

Fort ⟶ S. 121, D 18

Kleines Internetcafé mit 10 Plätzen. Preiswert und guter Service.

наб. Реки Фонтанки **40 (nab. Reki Fontanki 40, im Hinterhof); Metro: Majakowskaja oder Newskij Prospekt; tgl. 24 Std. geöffnet**

Marko

Frühstücken kann man in diesen Kettencafés bis 12 Uhr, das Angebot ist gut und umfassend. Danach große Auswahl an Kaffee- und Teesorten, Kuchen, Torten, Salaten, Sandwiches. Im Winter kann man sich bei Glühwein und Grog aufwärmen.

Невский пр. **108 (Newskij pr. 108); Metro: Majakowskaja/Pl. Wosstanija (d 3)** ⟶ S 121, östl. F 18; ул. Лба Толстого **1/3 (ul. Lwa Tolstowo 1/3); Metro: Petrogradskaja (c 2)** ⟶ S. 113, nördl. F 1; пр. уерньшевского **17 (pr. Tschernyschewskowo 17); Metro: Tschernyschewskaja (d 3)** ⟶ S. 115, F 7; **tgl. 8–23 Uhr**

Mezzanine ⟶ S. 120, B 17

Kaffee, die köstlichsten Kuchen, aber auch Getränke aller Art und kleine Gerichte erhält man im Café Mezzanine im Atrium des Luxushotels Grand Hotel Europe (→ S. 13).

Михайловская ул. **1/7 (Michajlowskaja ul. 1/7), Ecke Newskij pr.; Metro: Newskij Prospekt/Gostinyj Dwor (c 3); tgl. 9–21.45 Uhr**

Ontrome (Entremets)

Drei kleine Cafés besitzt die französische Kette bereits, und in allen sind die Spezialitäten: Desserts und Torten aus Creme und Mousse, garniert mit Nüssen, Früchten und Schokolade. Wahre Meisterwerke werden hier serviert. Dazu Kaffee oder Tee in großer Auswahl!

наб. Канала Грибоедова **58 (nab. Kanala Gribojedowa 58); Metro: Sennaja Pl./Sadowaja (b 4)** ⟶ S. 119, F 15; Большая Морская ул. **36 (Bolschaja Morskaja ul. 36); Metro: Newskij Prospekt/Gostinyj Dwor (c 3)** ⟶ S. 119, F 14; Невский пр. **3 (Newskij pr. 3); Metro: Newskij Prospekt/Gostinyj Dwor (c 3)** ⟶ S. 119, F13; **tgl. 10–22 Uhr**

Quo vadis? ⟶ S. 120, B 17

Größtes und bestes Internetcafé der Stadt, 66 Computerplätze, kleines Café im Vorraum.

Невский пр. **24 (Newskij pr. 24); Metro: Newskij Prospekt/Gostinyj Dwor; tgl. 24 Std. geöffnet**

Einkaufen

Trendige Boutiquen und traditionelle Kaufhäuser: Der Newskij Prospekt ist ein Shopping-Paradies.

Das Jelissejew: schon zur Zarenzeit ein berühmtes Delikatessengeschäft.

Bis zur Revolution von 1917 war der Newskij Prospekt das Einkaufszentrum Petersburgs, und in gewissem Sinn ist er das bis heute geblieben. Ihn säumen die großen alten Kaufhäuser Gostinyj Dwor und Passasch, hier finden Sie das Feinkostgeschäft Jelissejew, dem Tolstoy in seinem Roman »Anna Karenina« ein Denkmal gesetzt hat, hier gibt es Apotheken, Optiker, Kosmetik- und Souvenirläden, Geschäfte für Fotobedarf, Kunstgalerien und Boutiquen.

Matrjoschkas und Lackschachteln, Pelzmützen und Bernsteinschmuck, Wodka und Kaviar sind die beliebtesten Souvenirs. Kaviar sollte man allerdings nicht auf der Straße kaufen, sondern ins »Jelissejew«, ins Fischgeschäft »Ryba« auf dem Newskij oder auf einen der Märkte gehen. Dort ist oft frischer Kaviar im Angebot, man kann ihn dort auch gleich probieren.

Berühmt ist die Porzellan-Manufaktur Lomonossow, die schon in der Zarenzeit Porzellan fertigte. Die geschmackvollen Tassen und Teller gibt es in verschiedenen Läden der Stadt. Musikliebhaber können günstig Noten und CDs einkaufen.

Wunderschön, aber nicht ganz preiswert, ist auch typisch russischer Schmuck, etwa im Stil von Fabergé, den man beim Juwelier Ananov erwerben sollte. Ein Traum sind auch die Seidenkleider der Modedesignerin Tatjana Parfjonowa.

Kaufhäuser und Geschäfte öffnen zwischen 9 und 10 Uhr und schließen um 20 bzw. 21 Uhr. In allen Geschäften können Sie mit Rubel oder Kreditkarten bezahlen – auch wenn die Waren manchmal in Dollarpreisen ausgezeichnet sind.

Antiquitäten

Achtung! Antiquitäten dürfen Sie nur mit einer Genehmigung des russischen Kultusministeriums ausführen, sie werden sonst an der Grenze beschlagnahmt.

Apraksin Dwor → S. 120, B 18

In diesem Ende des 18. Jh. gebauten Kaufhaus gibt es eine riesige Auswahl an verschiedenen Secondhandwaren.

ул. Садовая/ул. Ломоносова **(ul. Sadowaja/Ecke ul. Lomonosowa); Metro: Newskij Prospekt/Gostinyj Dwor (c 3)**

Peterburg → S. 120, C 18

Porzellan, alte Uhren, Samowar, Silber und Gläser. Alles, was schön und teuer ist.

Невский пр. **54 (Newskij pr. 54); Metro: Newskij Prospekt (c 3)**

Tertia → S. 120, B 17

Am Platz der Künste steigt man ein paar Stufen in die Tiefe und wird mit einer Auswahl von Preziosen überrascht: Postkarten, Plakate, Brillen, Porzellan, Gläser und Schmuck.

Италянская ул. **5 (Italjanskaja ul. 5); Metro: Newskij Prospekt/Gostinyj Dwor (c 3)**

Bücher

Borej-Galerie → S. 121, D 18

Russische Literatur, schöne Fotobände und Grafiken. Dem kleinen Buchladen ist eine Galerie angeschlossen, in der sich Petersburger Dichter zu Lesungen treffen.

Литейный пр. **58 (Litejnyj pr. 58), Metro: Majakowskaja/Pl. Wosstanija (d 3)**

Dom Knigi → S. 120, C 18

Im »Haus des Buches« wird auf zwei Etagen eine große Auswahl an Büchern geboten. Auch deutsch- und englischsprachige Literatur findet man hier. Sehr schöne Bildbände komplettieren das gelungene Sortiment. Das Dom-Knigi-Stammhaus, ein Jugendstiljuwel am Newskij 28, wird momentan renoviert.

Невский пр. **62 (Newskij pr. 62); Metro: Newskij Prospekt/Gostinyj Dwor (c 3)**

Galerien

Borej-Galerie → S. 121, D 18

Neue junge Kunst und Literatur werden hier verkauft. Die Galerie gilt als

intellektuelles und künstlerisches Zentrum, in dem sich ein interessantes Publikum auch zu Lesungen und Konzerten trifft. Außerdem gibt es Fotobände, Grafiken und Postkarten.
Литейный пр. 57 (**Litejnyj pr. 57**); **Metro: Majakowskaja/Pl. Wosstanija (d 3)**

D-137 ---> S. 121, F 18
Moderne Kunst der Petersburger Szene: Grafik, Skulptur und Fotografie.
Невский пр. 90–92 (**Newskij pr. 90–92**); **www.d137.ru; Metro: Majakowskaja/ Pl. Wosstanija (d 3)**

Drugaja Kultura ---> S. 115, F 8
In der »anderen Kultur« wird junge, alternativ-anarchische Kunst gezeigt: Avantgarde-Mode und Bilder.
Кирочная ул. 8 (**Kirotschnaja ul. 8**), **Seiteneingang vom Kino Spartak; Metro: Tschernyschewskaja (d 3)**

Gisich's Private Art Gallery
---> S. 119, südl. F 16
Die Galeristin Marina Gisich zeigt Konzeptkunst, Fotografie und moderne Skulptur.
наб. Реки Фонтанки 121, Щг. 13 (**nab. Reki Fontanki 121, Wg. 13**); **www.gisich.com; Metro: Sennaja Pl./ Sadowaja (b 4)**

S.P.A.S. ---> S. 119, D 14
Die Galerie versteht sich als Aufklärer in Sachen Trends und neue Stile. Newcomer, aber auch etablierte Künstler stellen hier aus. Sehr angesagt!
наб. Реки Мойки 93 (**nab. Reki Mojki 93**); **Bus: 5, 22**

Geschenke

Babuschka
Geboten wird Kunstgewerbliches aller Art: Schmuck aus Bernstein, Grafik, Aquarelle, Holzschnitzereien, Lackdöschen.
наб. Лейтенанта Шмидта 33 (**nab. Lejtenanta Schmidta 33**); **www.souvenir.nm.ru; Bus 7, 10**

Farfor (Porzellan)
---> S. 121, D 18 und S. 121, östl. F 18
Große Auswahl der Lomonossow-Porzellan-Manufaktur mit den traditionellen Mustern in blau-weiß und neuen, ungewöhnlichen Motiven und Formen.

Ein köstliches Souvenir: schwarzer russischer Kaviar.

MERIAN-Tipp

3 Vernissage (Kunstmarkt hinter der Christi-Auferstehungs-Kirche)

Hier finden Sie ein breites Angebot an russischem Kunstgewerbe, moderner Kunst, Modeschmuck, alten Teegläsern, Matrjoschkas, Lackdosen, Sowjet-Nostalgie (wie Leninsticker, Militärmützen oder schwere Gürtel) und lustigem Trödel. Handeln wird erwartet!

Конюшенная пл. (Konjuschennaja pl.); Metro: Newskij Prospekt (c 3)

⇢ S. 114, B 8

Владимирский пр. 7 und Невский пр. 160 (**Wladimirskij pr. 7 und Newskij pr. 160); Metro: Pl. Wosstanija/ Majakowskaja (d 3)**

GUS-Khrustal-Factory ⇢ S. 122, südl. B 24

Handgefertigtes Kristall direkt ab Werk: Showroom und Verkauf, sehr schöne Objekte. Leider etwas außerhalb der Stadt gelegen.

ул. Седова **69 (ul. Sedowa 69); Metro: Jelisarowskaja (d 4)**

Larusse ⇢ S. 121, E 18

Spinnräder, Schachteln, Samoware, Glocken, Tontöpfe – alles, was fern der Metropole auf dem Land hergestellt wurde, ob alt oder fast neu. Interessant auch einfach nur zum Schauen.

Стремянная ул. 3 **(Stremjannaja ul. 3); Metro: Pl. Wosstanija/Majakowskaja (d 3)**

Mariinskij Art Shop ⇢ S. 118/119, C/D 15

Der absolute Hit für Ballett- und Opernliebhaber: CDs, Videos von Aufführungen des Mariinskij-Theaters. Bücher über Oper und Ballett sowie Souvenirs.

Театралная пл. **18/10 (Teatralnaja pl. 18/10); Bus 22, Tram 5**

Kaufhäuser

DLT (Dom Leningradskoj Torgowli) ⇢ S. 120, A 17

Schönes Jugendstilkaufhaus auf zwei Etagen. Besonders interessant ist die große Spielwarenabteilung.

Бол. Конюшенная ул. **21/23 (Bol. Konjuschennaja ul. 21/23, früher: Ul. Sheljabowa); Metro: Newskij Prospekt (c 3)**

Gostinyj Dwor ⇢ S. 120, B/C 18

Dieses riesige Kaufhaus mit einer Fassadengesamtlänge von 1 km direkt am Newskij Prospekt ist auch in architektonischer Hinsicht interessant. Die ersten Pläne zu seinem Bau stammen von Rastrelli, dem Architekten des Winterpalais, fertig gestellt hat den Kaufhof 1761 bis 1785 Vallin de la Mothe im Stil des Frühklassizismus. Übersetzt lautet der Name »Gäste-Hof«, denn im alten Russland wurden die reisenden Kaufleute als »Gäste« bezeichnet. Das Gebäude wurde erst kürzlich renoviert, und von der Tasse bis zum Strumpf, von der Bratpfanne bis zum Abendkleid gibt es hier einfach alles.

Невский пр. 35 **(Newskij pr. 35); Metro: Gostinyj Dwor (c 3)**

Passasch ⇢ S. 120, C 18

Ein ebenfalls architektonisch bemerkenswertes Kaufhaus – 1848 errichtet und 1900 im »Stil modern« (Jugendstil) umgebaut –, das den Newskij Prospekt mit der Italjanskaja Uliza verbindet. Die Ladenpassage überwölbt in der Mitte ein Glasdach. Hier sind neben Edelboutiquen auch Antiquitäten, Souvenirs und Lebensmittel zu haben.

Невский пр. **48 (Newskij pr. 48); Metro: Newskij Prospekt (c 3)**

Lebensmittel

Babylon ⇢ S. 121, E 18

Eine Geschäftskette, die im Stadtbild immer wieder ins Auge fällt. Rus-

sisch-holländisches Jointventure. Gut sortierte Lebensmittelabteilung.
Невский пр. **69 (Newskij pr. 69); Metro: Newskij Prospekt (c 3)**

Jelissejew S. 120, C 18
Ein Besuch lohnt sich allein wegen des verschwenderischen Jugendstilinterieurs, aber auch das Angebot kann sich sehen lassen: Kaviar in vielen Variationen und allerlei Leckereien aus verschiedenen Ländern.
Невский пр. **56 (Newskij pr. 56); Metro: Newskij Prospekt (c 3)**

Schottische Bäckerei S. 116, B 12
Wen es nach westlichen Backwaren gelüstet, kommt auf seine Kosten.
Таврическая ул. **33 (Tawritscheskaja ul. 33); Metro: Tschernyschewskaja (d 3)**

Sewer S. 120, B 17
Hier finden Sie die größte Auswahl an russischen Torten, Gebäck und Konfekt. Wer von russischen Bekannten zum Abendessen eingeladen ist und kein Gastgeschenk hat, wird mit einer Torte von Sewer großen Erfolg verbuchen können, denn zum Abschluss eines Mahls dürfen Süßigkeiten nicht fehlen.
Невский пр. **46 (Newskij pr. 46); Metro: Newskij Prospekt (c 3)**

Märkte

Kusnetschnyj Rynok S. 120, E 19
Einen Besuch auf einem russischen Bauernmarkt darf man nicht versäumen, denn die Atmosphäre auf einem solchen Markt – eine Mischung aus westeuropäischem Markt und orientalischem Basar – ist ganz einmalig. Hier wird lautstark gefeilscht, geschimpft und um jede Kopeke gestritten. Vor dem Kauf darf die Ware probiert werden. Kosten Sie unbedingt von den köstlichen selbst gemachten Milchprodukten, der Smetana (Crème fraîche), dem Tworok (Quark), den unvergleichlichen Honigsorten, dem eingelegten Kraut, Knoblauch und den Gurken oder anderen Spezialitäten aus allen Regionen des riesigen Landes. Der schönste und reichste dieser Bauernmärkte in St. Petersburg ist der Kusnetschnyj Rynok.

Flanieren und Schauen auf dem Newskij Prospekt. Junge Frauen in St. Petersburg kleiden sich sehr modisch.

Die Bauernmärkte in St. Petersburg sind eine besondere Attraktion. Hier findet sich ein vielfältiges Warenangebot aus allen Teilen des Landes.

Кузнечный пер. 3 (Kusnetschnyj per. 3); Metro: Wladimirskaja (c 4); Mo–Sa 8–19, So 8–16 Uhr

Nekrasowskij Rynok → S. 118, A 21
Außer dem normalen Angebot von Lebensmitteln finden Sie auch die typischen russischen Holzsouvenirs.
ул. Некрасова 52 (ul. Nekrasowa 52); Metro: Pl. Wosstanija (d 3-4); Mo–Sa 8–18, So 8–16 Uhr

Poljuostrowskij Rynok → S. 120, westl. F 10
Hier können Sie am Samstag vom Rassehund bis zum Zierfisch alles erwerben, was sich annähernd als Haustier eignet, und originales Petersburger Alltagsleben studieren.
Полюостровский пр. 45 (Poljuostrowskij pr. 45); Metro: Pl. Lenina (d 2-3), Busse 136, 137, Straßenbahnen 6, 19

Mode

Amerikanskaja Klassika → S. 121, E 18
Hier gibt es amerikanische Jeans in allen Variationen. Auch T-Shirts und Jacken. Und gar nicht mal so teuer.
Невский пр. 60 (Newskij pr. 60); Metro: Majakowskaja/Pl. Wosstanija (d 3)

Babotschka Boutique → S. 114, C 7
Designerlabels in schöner Atmosphäre zum Stöbern: Jean Paul Gaultier, Brioni, Moschino, Chloë, Gianfranco Ferre und andere.
Гангутская ул. 18 (Gangutskaja ul. 18); Metro: Majakowskaja (d 3)

Bosco di Ciliegi → S. 119, F 13
Ob Kenzo oder Max Mara, ob Mann oder Frau – hier findet man immer das Neueste in Sachen Mode in großer Auswahl!
Невский пр. 12 (Newskij pr. 12); Metro: Newskij Prospekt/Gostinyj Dwor (c 3)

Defile → S.120, A 18
Der erste Shop, der nur Mode erfolgreicher russischer und ukrainischer Designer verkauft. Von flippig bis Business – immer die neuesten Trends.
наб. Канала Грибоедова 27 (nab. Kanala Gribojedowa 27); Metro: Newskij Prospekt/Gostinyj Dwor (c 3)

Fundgrube für Kunst, Schmuck und Trödel: der Kunstmarkt hinter der »russischsten« aller Kirchen, der Christi-Auferstehungs-Kirche.

Lilia Kisselenko → S. 120, C 18
Exklusive Kollektionen aus ökologischen Materialien.
Малая Садовая ул. 4 (**Malaja Sadowaja ul. 4), Metro: Newskij Prospekt/Gostinyj Dwor (c 3)**

Modehaus Mertens → S. 120, A 17
Das berühmte Modehaus im Jugendstil, in dem bis zur Revolution der Kaufmann Mertens feinste Pelze anbot, hat nun seinen alten Namen zurück und bietet vom Kostüm bis zur Handtasche westliche Modemarken.
Невский пр. **21 (Newskij pr. 21); Metro: Newskij Prospekt/Gostinyj Dwor (c 3)**

Soho → S. 120, B 18
Alles aus Großbritannien: Lederwaren, Kleidung, Spielzeug, Interieur und Accessoires.
наб. Канала Грибоедова **26 (nab. Kanala Gribojedowa 26); Metro: Newskij Prospekt/Gostinyj Dwor (c 3)**

Tatjana Parfjonowa → S. 121, E 18
Tatjana Parfjonowa ist die Grande Dame der Petersburger Mode, nicht nur weil sie ihre Kollektionen auch international zeigt. Moskauerinnen kommen nach Petersburg, um sich hier einzukleiden. Die Designerin verwendet nur edelste Materialien. Spektakulär sind ihre Seidenkleider, und wer sich für einen übergroßen bestickten Schal bei Parfjonowa entscheidet hat, wird begeistert sein!
Невский пр. **51 (Newskij pr. 51); www.parfionova.ru; Metro: Majakowskaja Pl. Wosstanija (d 3)**

x-act → S. 119, E 14
Trendige Kleidung für Jugendliche: Sportswear, Jeans, Rucksäcke und Schuhe.
наб. Реки Мойки **61 (nab. Reki Mojki 61); tgl. 13–20 Uhr; Bus: 5, 22**

Musik

Classica → S. 120, B 17
Große Auswahl an Klassik, Folklore und Kirchenmusik.
Михайловская ул. **2 (Michajlowskaja ul. 2) (Ticketbüro der Philharmonie); Metro: Newskij Prospekt/Gostinyj Dwor (c 3)**

Noty → S. 120, A 17
Preisgünstige Noten und Musikinstrumente. Der Originalladen aus dem 19. Jh. hat sich allerdings auch dem

MERIAN-Tipp

4 Museumsshop im Jussupow-Palais

Wenn Sie etwas ganz Exklusives und Einmaliges in St. Petersburg erwerben wollen, dann erhalten Sie es im Museumsshop des Jussupow-Palais: eine von ausgewählten Künstlern bemalte Lackdose mit Ihrem Porträt oder dem Ihrer Angehörigen und Freunde. Als Vorlage benötigt der Porträtist mehrere gute Farbfotos. Die Produktionszeit dauert etwa sechs Wochen. Außerdem bietet der Museumsshop auch eine erlesene Auswahl an Lackdosen aus Palech, Fedoskino und Mstjora.

наб. Реки Мойки 94, (nab. Reki Mojki 94), Bus 5, 22 ⇢ S. 119, D 15

Zeitgeist angepasst: Es sind CDs im Angebot.

Невский пр. 26 (Newskij pr. 26); Metro: Newskij Prospekt (c 3)

Otkrytyj Mir ⇢ S. 119, E 14

Der Shop mit der größten Klassik-CD-Auswahl in St. Petersburg! Zusätzlich gibt es sehr viele Musikvideos und DVDs.

Малая Морская 16 (Malaja Morskaja 16); Bus: 5, 22

Titanic

Wer nachts noch Lust bekommen sollte, sich eine brandneue CD zu kaufen, wird in einem der drei Shops von Titanic sicherlich fündig, außerdem auch Videos und Infopunkt für die neuesten Trends und Konzerte in Petersburg.

Загородный пр. 10 (Zagorodnyj pr. 10); Metro: Dostojewskaja/Wladimirskaja (c 4) ⇢ S. 121, D 19; Литейный пр. 57 (Litejnyj pr. 57); Metro: Majakowskaja/Pl. Wosstanija (d 3) ⇢ S. 121, D 18; Невский пр. 158 (Newskij pr. 158); Metro: Majakowskaja/Pl. Wosstanija (d 3) ⇢ S. 118, A 22; tgl. 24 Std.

Schmuck

Ananov ⇢ S. 120, B 17

Einer der Erfolgreichen des neuen Petersburg: Andrej Ananov. Innerhalb weniger Jahre baute er ein Imperium auf, Kunden aus aller Welt kaufen bei ihm Schmuck und die berühmten Ostereier im Stil von Fabergé.

Невский пр. (Newskij pr. 33); www.ananov.com, Metro: Newskij Prospekt/Gostinyj Dwor (c 3)

Prestige ⇢ S. 114, nördl. A 5

Wer seine Luxusuhr in Petersburg verloren hat und dringend eine neue braucht, ist hier richtig: nur beste Marken in großer Auswahl.

Каменоостровский пр. 17 (Kamenoostrowskij pr. 17); Metro: Gorkowskaja (c 3)

Schuhe

Andiamo ⇢ S. 120, B 18

Italienische Schuhe und Accessoires vom Feinsten: Fendi, Gucci, Dolce & Gabbana und John Richmond.

ул. Ломоносова 2 (ul. Lomonosowa 2), Metro: Newskij Prospekt/Gostinyj Dwor (c 3)

Baldinini ⇢ S. 119, E 14

Edle italienische Schuhe für Damen und Herren, auch Accessoires.

Исаакиевская пл. 3/2 (Isaakijewskaja pl. 3/2), Bus 5, 22

Cinti ⇢ S. 121, E 19

Elegante italienische Damenschuhe, dazu Handtaschen, Handschuhe und Gürtel.

ул. Марата 20 (ul. Marata 20); Metro: Majakowskaja/Pl. Wosstanija (d 3)

Sport

Nike's ⇢ S. 120, B 17

Schuhe, Shirts, Hosen, Taschen – einfach alles, was der Sportartikelhersteller im Angebot hat.

Невский пр. 32–34 (Newskij pr. 32–34), Metro: Newskij Prospekt/Gostinyj Dwor (c 3)

Feste und Events

Ob Ballett- oder Rockfestival, Kirchenfeste oder Stadtgeburtstag – St. Petersburg feiert gern und oft.

St. Petersburg hat eine große Musiktradition. Besonders während der »Weißen Nächte« gibt es zahlreiche klassische Konzerte.

St. Petersburg ist eine Musikstadt! Auf der Bühne des Mariinskij-Theaters wurde die russische Nationaloper geboren und dort haben Tänzer wie Wazlaw Nijinski und Rudolf Nurejew getanzt. Berühmte Komponisten wie Peter Tschaikowsky und Nikolai Rimski-Korsakow haben in Petersburg komponiert. Und: Die Stadt an der Newa ist die Wiege des russischen Rock. Deswegen ist es nicht verwunderlich, dass die meisten Events und Festivals mit der Musik zu tun haben. Und mit der russisch-orthodoxen Kirche, die einen immer stärkeren Platz im Leben der Menschen einnimmt. Auch das russisch-orthodoxe Weihnachtsfest sowie Ostern sind Feste, die ein Erlebnis sind!

Januar

Orthodoxe Weihnachten
In allen orthodoxen Gotteshäusern finden am 6. Januar um Mitternacht Messen statt, die bis in die frühen Morgenstunden des 7. Januar dauern. Wunderschöne Chormusik!

Februar/März

Festival »Abschied vom Russischen Winter«
Feiern der »Masleniza« (Butterwoche) vor Beginn der Fastenzeit (acht Wochen vor Ostern) Troikafahrten, Folklore, eine Art Karneval, in vielen Restaurants Bliny-Essen.

Internationales-Ballett-Festival:
Anfang/Mitte März im Mariinskij-Theater, Infos über: www.mariinsky.spb.ru

April/Mai

9. Mai
Der »Tag des Sieges« über die Deutschen im Zweiten Weltkrieg wird mit Demonstrationen auf dem Schlossplatz gefeiert. Am Piskarjowskoje Friedhof finden Gedenkfeiern für die Opfer der Blockade und des Krieges statt. Abends großes Feuerwerk an der Peter-und-Paul-Festung.

Stadtgeburtstag von St. Petersburg
Letzter Sonntag im Mai. Schiffsparade auf der Newa, Straßenfeste und Musik. Abends Feuerwerk.

Juni

Kulturfestival »Weiße Nächte«
Ballett-, Theater- und Musik-Festival, internationale und nationale Spitzenensembles vom 20.–30. Juni mit speziellen Theater- und Opernvorstellungen, einem Filmfest (www.filmfest.ru) sowie einem Jazzfestival.
Info: www.jazz-hall.spb.ru

Juli

Rockfestival
Bands aus Russland und internationale Gäste.
Info: www.afisha.ru

Oktober

Internationales Festival für alte Musik
Barockmusik aus Russland, Europa und Musik aus Asien.
Info: www.earlymusic.ru

Internationales Theaterfestival Baltic House.
Info: www.baltichouse.spb.ru

Dezember/Januar

»Russischer Winter«
Etwa vom 25. Dezember bis zum 5. Januar gibt es Folklore, Troika-Schlittenfahrten, Eisskulpturenparks und Musikveranstaltungen.

Silvester
Am Silvesterfest werden Wohnungen und Stadt mit Tannenbäumen geschmückt, man versammelt sich zu einem Festmahl, tauscht Geschenke aus, und die Kinder besucht statt des Weihnachtsmannes Väterchen Frost (»ded moros«), der meistens von der Snegurotschka, der Schneeflocke, begleitet wird. Um Mitternacht strömen dann alle auf den Newskij Prospekt und den Schlossplatz, um dort auf das neue Jahr anzustoßen.

Am Abend

Theater, Ballett oder Jazz – das Petersburger Nachtleben bietet Kultur und Nostalgie.

Erstklassige Ballett- und Opernaufführungen vor grandioser Kulisse: das Mariinskij-Theater.

St. Petersburg, die Stadt Glinkas, Tschaikowskys, Borodins, Rimski-Korsakows, Rachmaninows und Schostakowitschs, ist wahrlich ein Mekka für Musikliebhaber und verfügt darüber hinaus auch über ein sehr engagiertes und erstaunlich kenntnisreiches einheimisches Musikpublikum. Konzertkarten rechtzeitig bestellen!

Ob Oper, Theater, Zirkus, klassische Konzerte, Jazzkonzerte oder Techno: in St. Petersburg lässt sich für jeden Geschmack etwas finden. Besonders interessant ist die alternative junge Musikkultur. Es gibt zur Zeit mehr als hundert Musikclubs in St. Petersburg. Und: Russische Diskos und Clubs sind anders. Die Gäste kommen nicht nur, um Musik zu hören und zu tanzen, sondern auch, um zu essen. In allen aufgeführten Clubs gibt es auch einen Restaurantbetrieb.

Zwar sind die Zeiten der Mafia-Auftragsmorde im Nachtleben vorbei, doch leisten sich die meisten Clubs Ordnungshüter vor der Tür, rigorose Sicherheitskontrollen finden statt, selten kommt es zu Schlägereien, weil der Sicherheitsdienst sofort eingreift. Diese Dienste übernehmen aber auch eine strenge »face-control«. Manchmal braucht man etwas Überzeugungskraft.

Am Wochenende geht es meist um Mitternacht erst richtig los, gefeiert wird bis in die frühen Morgenstunden. Theater, Oper und Konzerte beginnen in der Regel schon um 19 Uhr.

Bars & Diskos

CHE ···› S. 122, A 23

Nur ein paar Schritte vom Newskij Prospekt entfernt, mit einem extra Saal für Zigarrenraucher. Hier finden auch Weinproben statt, und am Wochenende werden lateinamerikanische Tänze getanzt, es herrscht ausgelassene Stimmung. Einer der beliebtesten Clubs der Stadt!

Полтавская ул. 3 **(Poltawskaja ul. 3); Metro: Majakowskaja/ Pl. Wosstanija (d 3); tgl. 24 Std.**

Havanna ···› S. 120, südl. C 20

Gute Stimmung für unter 25-Jährige bei Latino, House und Pop in vier Tanzsälen, dazu gibt's Popcorn frei Haus. Häufig lange Wartezeiten am Eingang.

Московский пр. 21 **(Moskowskij pr. 21); Metro: Technologitscheskij Institut (b 4); tgl. 20–6 Uhr**

Hollywood Nites ···› S. 120, C 18

Neondisko für den Petersburger Jet-Set und die Halbwelt. Unter Palmen und zwischen Porträts von Hollywood-Stars kann man sich in eine andere Welt träumen. Auf der Bühne Shows.

Невский пр. 46 **(Newskij pr. 46); Metro: Newskij Prospekt/Gostinyj Dwor (c 3); Mi–So 21–6 Uhr**

Kontinent ···› S. 121, E 18

Im »Chudoschestwennyj« am Newskij werden nur noch in der oberen Etage Kinofilme gezeigt. Der untere Raum wurde zur Tanzfläche mit zwei Bars umgebaut. Eurodance-Musik für eher junges Publikum.

Невский пр. 67 **(Newskij pr. 67); Metro: Majakowskaja/ Pl. Wosstanija (d 3); tgl. 20–6 Uhr;**

Manilow ···› S. 120, südl. C 20

Interieur im High-Tech-Design, sehr minimalistisch. Zu dem Café gehört eine Galerie, wo Lesungen und Konzerte stattfinden. Viel junges Szene-Publikum, man raucht Havanna-Zigarren und trinkt Absinth.

Красноармейская ул. 5 **(7. Krasnoarmejskaja ul. 5); Metro: Technologitscheskij Institut (b 4); tgl. 11 Uhr bis zum letzten Gast;**

Kinos

Die Vorstellungen in den Petersburger Kinos beginnen teilweise schon am Vormittag.

CHE: moderner Club im historischen Zentrum.

Aurora ⇢ S. 120, C 18
Bereits 1913 eröffnet, inzwischen aber auf den neuesten technischen Stand gebracht. Premierenkino.
Невский пр. 60 **(Newskij pr. 60); Metro: Gostinyj Dwor (c 3)**

Barrikada ⇢ S. 119, F 14
Das Kino existiert seit 1923. Gemischtes Programm.
Невский пр. 15 **(Newskij pr. 15); Metro: Newskij Prospekt (c 3)**

Chrystal Palace ⇢ S. 121, D 18
Drei moderne Säle. Freitags und Samstags auch Nachtvorstellungen.
Невский пр. 72 **(Newskij pr. 72); Metro: Majakowskaja (d 3-4)**

Leningrad ⇢ S. 116, A 11
Mit 1500 Plätzen das größte Kino Petersburgs, Karten gibt es immer, und es ist billiger als am Newskij.
Потёмкинская ул. 4 **(Potjomkinskaja ul. 4); Metro: Tschernyschewskaja (d 3)**

KONZERTE

Auferstehungskathedrale im Smolnyj-Kloster ⇢ S. 117, E 10–11
Der Innenraum der Kathedrale hat eine sehr gute Akustik.
пл. Растрелли **(pl. Rastrelli); Metro: Tschernyschewskaja (d 3), Busse 1, 6, 65; Konzerte 18 und 20 Uhr, am Wochenende auch um 12 Uhr; Kasse 11–16 Uhr**

Glinka-Kapelle ⇢ S. 114, A 8
Domizil des berühmten Glinka-Chores. Kammerchor-Konzerte, russische Lieder, Romanzen und Folklore.
наб. Реки Мойки 20 **(nab. Reki Mojki 20); Tel. (ab 12 Uhr) 314-10 48; Metro: Newskij Prospekt (c 3); Mitte Juli–Mitte Aug. geschl.**

Jussupow-Palais ⇢ S. 119, D 15
Im prunkvollen, im Barockstil gestalteten ehemaligen Theater und im Konzertsaal der Jussupows finden Konzerte statt. Daneben bietet die Leitung des Hauses etwas ganz Exklusives an: ein festliches Abendessen mit Konzert in wahlweise zwei Sälen des Fürstenschlosses.
наб. Реки Мойки 94 **(nab. Reki Mojki 94); Tel. 314-98 92; Metro: Newskij Prospekt (c 3)**

Kleiner Glinkasaal ⇢ S. 120, A 17
Angeschlossen an die Philharmonie. Saal ausschließlich für Kammermusik und Klavierkonzerte.
Невский пр. 30 **(Newskij pr. 30); Tel. 117-83 33; Metro: Newskij Prospekt (c 3); Ende Juni–Mitte Sept. geschl.**

Oktober Konzertsaal ⇢ S. 122, A 21
Zum 50. Jahrestag der Oktoberrevolution eröffnet. 4000 Plätze. Hier werden Symphoniekonzerte und geistliche Musik, aber auch Ballettaufführungen und Rockkonzerte veranstaltet.
Лиговский пр. 6 **(Ligowskij pr. 6); Tel. 275-12 73; Metro: Pl. Wosstanija (d 3-4)**

Schostakowitsch-Philharmonie (Großer Saal) ⇢ S. 120, B 17
Der Saal wurde nach Schostakowitsch benannt, weil er hier während der Blockade 1942 seine 7. Symphonie dirigierte. Symphoniekonzerte, Orgel- und Chormusik.

ул. Михайловская 2 (ul. Michajlowskaja 2); Tel. 1 10-42 57; www.philharmonia.sep.ru; Metro: Newskij Prospekt (c 3); 7. Juli–Sept. geschl.

Musikclubs

Je nach Club und Programm zahlt man 50 bis 300 Rubel Eintritt.

Datscha S. 120 B18
Nur ein paar Schritte vom Newskij entfernt, gegenüber dem Gostinyj Dwor gelegen, wurde dieser Klub erst im Sommer 2004 von einer Deutschen eröffnet. Ungewöhnliches Musikprogramm und viele junge Ausländer im Publikum.
Думская ул. 9 (Dumskaja ul. 9); Metro: Newskij Prospekt/ Gostinyj Dwor (c 3); tgl. 18–6 Uhr

Fakultät S. 114, D/E 2
Der Club liegt in der Nähe der Universität, deswegen viel studentisches Publikum – auch die Preise sind entsprechend. Statt Flaschen wurden an der Bar Werke von Shakespeare und die Große Sowjetische Enzyklopädie aufgestellt. Kunst- und Fotoausstellungen sowie Live-Auftritte junger russischer Rockgruppen (ab 22 Uhr), ansonsten sorgen DJs für Tanzmusik.
пр. Добролюбова 6 (pr. Dobroljubowa 6); www.fakultet.sp.ru; Metro: Sportiwnaja (b 2); Mi-So 18–6 Uhr

Fish Fabrique S. 121, F 19
Das Musikcafé gehört zum Kulturzentrum »Puschkinskaja 10«, sehr klein und voll, wenn Bands spielen und getanzt wird. Boheme-Publikum und viele Studenten. Die Filmabende in dem Café sind Kult!
Лиговский пр. 53 (Ligowskij pr. 53); www.fishfabrique.spb.ru; Metro: Majakowskaja/Pl. Wosstanija (d 3); tgl. ab 12, Konzerte nur Do–So 20–6 Uhr;

Gribojedow S. 121, südl. E 20
Der Club der Band »Dwa Samoljota« im ehemaligen Bunker in der Nähe des Moskauer Bahnhofs. Hier treffen sich Petersburgs progressive Studenten und Künstler. Bis zum Morgen wird hier abgetanzt zu Reggae, Retro, Rave oder House. Studentenfreundliche Preise.
Воронежская ул. 2a (Woroneschskaja ul. 2a); www.griboedovclub.ru; Metro: Ligowskij Prospekt (c 4); So–Do 18–6 Uhr, Fr–Sa 18–7 Uhr

Moloko S. 122, B 23
Der beste Underground-Club in St. Petersburg, in dem die Stars der lokalen Rockszene auftreten (Grunge, Hardcore, Punk). An der Bar gibt es ausschließlich Bier oder Softdrinks. Viel studentisches Publikum und junge Ausländer.
Перекупной пер. 12 (Perekupnoj per. 12); www.molokoclub.ru; Metro: Pl. Alexandra Newskowo (d 4); Mi–So 19–24 Uhr

Ostrow S. 114, A 14
Auf der großen, sich drehenden Tanzfläche bewegen sich die Schönen und Reichen der Stadt zu Eurodance-Musik. Sehr strenge Türsteher. Drei Bars und am späten Abend Shows. Viel Glamour und Eleganz.
наб. Лейтенанта Шмидта 37 (nab. Lejtenanta Schmidta 37); Metro: Wasileostrowskaja (a/b 3); Mi-So 22–6 Uhr

MERIAN-Tipp

5 Spartak

Das Spartak ist ein Programmkino, in dem vor allem die europäischen Klassiker laufen. Es werden aber auch aktuellere Filme von Regisseuren wie Jim Jarmusch oder Lars von Trier gezeigt. Und hinterher kann man gleich in den Club nebenan gehen, wo man Musik hören oder Billard spielen kann.

Кирочная ул. 8 Kirotschnaja ul. 8; Metro: Tschernyschewskaja

S. 115, E 8

Parj.spb S. 113, F 1
Ehemaliges Krankenhaus, was teilweise noch an der Einrichtung zu sehen ist. Einer der beliebtesten Clubs der Stadt: Westliche Gruppen und DJs werden hier den Petersburgern vorgestellt. Zusätzliche Veranstaltungen von Ausstellungen, Filme und Lesungen. Intellektuelles Publikum.
Александровский Парк 5 Б **(Aleksandrowskij Park 5 B, im Internationalen Kulturzentrum); www.par.spb.ru; Metro: Gorkowskaja (c 3); Do–So 22–6 Uhr**

Red Club S. 122, A 23
Hier trifft sich die Rock-Elite der Stadt, bekannte internationale Gruppen treten auf. Sehr trendy, viele Szene-Leute, immer voll. Zwei Bars, zwei Bühnen und ein Billardraum.
Полтавская ул. 7 **(Poltawskaja ul. 7); www.redclubonline.com; Metro: Majakowskaj/Pl. Wosstanija (d 3); Mo–Fr 18–6 Uhr**

Jazz

Decadence S. 119, E 13
Kleiner Club direkt am Ufer der Newa, teuer und elitär. Hier trifft sich St. Petersburgs Jeunesse dorée zu abendlichen Jazzkonzerten internationaler Gruppen (auch Sting war schon hier!).
Адмиралтейская наб. 12 **(Admiraltejskaja nab. 12); www.decadence.spb.ru; Metro: Newskij Prospekt/Gostinyj Dwor (c 3); Fr–So 24–6 Uhr**

Jazz-Philharmonic-Hall S.120, C 20
St. Petersburgs ältester Jazzclub ist eng verbunden mit dem Star der Szene, David Golotschokin. Man sitzt gemütlich an 2er- bis 6er-Tischen (insgesamt 200 Plätze) und lauscht Konzerten, die meist um 19 Uhr beginnen. Viel Dixieland-Jazz und Oldie-Publikum.
Загородный пр. 27 **(Sagorodnyj pr. 27); www.jazz-hall.spb.ru; Metro: Dostojewskaja/Wladimirskaja (c 4); Mi, Do, So 19.30–2 Uhr, Fr, Sa ab 21 Uhr**

JFC Jazz-Club S. 115, F 7
Alle Stilrichtungen werden gespielt, junges Publikum. Avantgarde und Improvisation. Progressiv und innovativ.
Шпалерная ул. 33 **(Schpalernaja ul. 33); www.jfc.spb.ru; Metro: Tschernyschewskaja (d 3); tgl. 19–23 Uhr**

Gay & Lesbian
Allgemeine Infos über die Petersburger Gay-Szene: www.gay.ru

Puschka S. 114, nördl. A 5
Der größte Schwulen-Treff der Stadt mit Tanzfläche, zwei Bars, Dark Room und Chillouts. Travestie-Shows, Go-Go Dance, russische und westeuropäische House-Musik.
Большая Пушкарская ул. 50 **(Bolschaja Puschkarskaja ul. 50); www.push-**

Klassische Ballettaufführung im Alexandrinskij-Dramentheater.

kaclub.com; Metro: Petrogradskaja (c 2); tgl. 22–6 Uhr

Theater, Oper, Ballett

Viele Theater haben im Sommer nach den »Weißen Nächten« eine Spielpause.

Alexandrinskij-Theater

S. 120, C 18

Das älteste Theater Russlands wurde bereits 1756 gegründet und nach Alexandra, der Gemahlin Nikolais I., benannt; in der Sowjetzeit hieß es Puschkin-Theater. Das Gebäude wurde von Carlo Rossi errichtet. Viele berühmte russische Dramen wurden hier uraufgeführt. Zum Repertoire gehören heute klassische Stücke, aber auch neuere russische Dramen. Besonders interessant ist die Kleine Bühne des Hauses, die ein experimentierfreudiges Programm bietet.

пл. Островского 2 (pl. Ostrowskogo 2); Metro: Gostinyj Dwor (c 3)

Ballett von Boris Eifman

Seit über 25 Jahren arbeitet Boris Eifman an seiner Form des modernen Balletts. Durch ihre Gastspiele hat die Truppe sich internationalen Ruhm erworben. Bisher hat das Ensemble nur ein eigenes Haus zum Proben, für Auftritte gastiert man an verschiedenen Bühnen, in Petersburg im Mariinskij oder in anderen Häusern.

Info: www.eifmanballet.spb.ru; Tel. 230-78 45

Großes Dramentheater Towstonogow (Gorki-Theater)

S. 120, B 19

Dieses Theater wurde über 30 Jahre von dem berühmten Regisseur Towstonogow geleitet, bis zu seinem Tod galt es nach dem Moskauer Taganka-Theater als die führende Bühne Russlands. Klassisches Repertoire von Shaw bis Tschechow.

Наб. р. Фонтанки 65 (Nab. Reki Fontanki 65); Tel. 310-92 42; Metro: Gostinyj Dwor (c 3)

MERIAN-Tipp

6 Mariinskij-Theater

Das Mariinskij-Theater, in Sowjetzeiten Kirow-Theater genannt, ist die Wiege der aristokratischen Ballettkunst Russlands. Aus dem Ensemble gingen weltberühmte Tänzer wie die unvergessenen Anna Pawlowa, Wazlaw Nijinski, Rudolf Nurejew und Michail Baryschnikow hervor. Hier können Sie noch Choreografien von Marius Petipa vom Ende des 19. Jh. sehen sowie die ersten legendären Choreografien von Michail Fokine, die er für Diaghilews »Ballets Russes« gemacht hat. Ein besonderes Erlebnis sind auch die Operninszenierungen, besonders wenn der Chef des Hauses, Waleri Gergijew, dirigiert.

Театральная пл. 1 (Teatralnaja pl. 1); www. mariinskij.ru; Busse 5, 22

S. 119, D 15

Kleines (Malyj-) Theater für Oper und Ballett (Mussorgskij-Theater)

S. 120, B 17

Traditionelle Opern- und Ballettbühne, Highlight der Saison ist das Gastspiel von Boris Eifman und seinem Ensemble (s.oben).

Пл. Искусств 1 (Pl. Iskustw 1); Metro: Newskij Prospekt (c 3)

St. Petersburg Opera S. 119 D14

Kleines Kammermusiktheater, das nun ein eigenes Haus hat. Das junge Ensemble begeistert mit – vor allem – russischen Opern.

Галерная ул. 33(Galernaja ul. 33); Tel. 3156769, www.opera.spb.ru; Bus 5, 22

Zirkus S. 120, D 17

Ältestes Zirkusgebäude des Landes. Sehenswert: Museum für Geschichte der Zirkuskunst. Führungen nur in Russisch.

наб. Реки Фонтанки 3 (nab. Reki Fontanki 3); Metro: Gostinyj Dwor (c 3); Museum: tgl. außer Sa, So 11–19 Uhr

Familientipps – Hits für Kids

Marionetten-, Musical- oder Puppentheater machen Kindern viel Spaß.

»Psst, ich weiß etwas!« Wenn sie könnte, hätte die kleine geflügelte Figur in der Eremitage bestimmt viel Interessantes zu erzählen ...

Ganz einfach ist es nicht, eine Stadt wie St. Petersburg mit Kindern zu besuchen. Für die kleinen Füße sind die weiten Wege, die man in der Stadt zurücklegt, mitunter recht anstrengend. Einige ausgewählte Museen, wie die Eremitage, oder die schönen Parks der Stadt bereiten aber auch Kindern großes Vergnügen. Interessant sind ebenfalls Ausflüge an den Finnischen Meerbusen oder in eines der Zarenschlösser.

Arktis-Antarktis-Museum
⇢ S. 117, E 19
→ MERIAN Tipp, S. 67

Botanischer Garten
⇢ S. 121, nördl. C 5
Der Botanische Garten besteht seit 1823. Gewächshäuser mit über 3500 tropischen und subtropischen Pflanzenarten. Eines der größten Herbarien der Welt.
ул. Профессора Попова 2 (ul. Professora Popowa 2); Metro: Petrogradskaja (a 2); tgl. außer Fr 11–18 Uhr, im Winter bis 17 Uhr

Großes Puppentheater
⇢ S. 121, E 17
Die Aufführungen begeistern nicht nur die kleinen Zuschauer!
ул. Некрасова 10 (ul. Nekrasowa 10); Tel. 273-66 72; Metro: Pl. Wosstanija (d 3-4) oder Tschernyschewskaja (d 3)

Kunstkammer (Museum für Anthropologie und Ethnografie)
⇢ S. 113, E 4
Die Kunstkammer ist das älteste Museum St. Petersburgs (1718–1734 errichtet). Peter I. liebte Raritäten aller Art, seine Sammlung bildet den Grundstock der Exponate. Mit Kindern sollte man die Abnormitätenabteilung mit ihren mehr als 800 Objekten (Siamesische Zwillinge usw.) besser nicht aufsuchen.
Таможенный пер. 2 (Tamoschennyj per. 2); www.kunstkamera.ru; Metro: Newskij Prospekt (c 3), Busse 1, 7, 10; tgl. außer Fr, Sa und letzter Do des Monats 11–16.30 Uhr; Führung in englischer Sprache

Marionetten-Theater ⇢ S. 120, C 18
Die alten Marionettenpuppen sind besonders schön. 15 Stücke hat das Theater im Repertoire.
Невский пр. 52 (Newskij pr. 52); Tel. 310-58 79, 117-21 56; Metro: Gostinyj Dwor (c 3)

Musicaltheater für Kinder
⇢ S. 121, D 18
Das Musical »Hobbit« und andere Stücke begeistern Kinder und Erwachsene.
ул. Рубинштейна 13 (ul. Rubinschtejna 13), Tel. 112-51 35

Puppenmuseum
⇢ S. 112, westl. A 3
Puppen in allen Variationen. Es werden auch einige Exemplare zum Verkauf angeboten.
Камская ул. 8 (Kamskaja ul. 8), www.russiandolls.ru, Metro: Wasileostrowskaja, Di-So 10-18 Uhr

Taurischer Garten ⇢ S. 116, A/B 11
Im Taurischen Garten liegt der »Stadtpark für Kinder«. Im Winter kann man hier auch Schlitten fahren und Schlittschuh laufen. Im Sommer Karussells und Spielplätze.
Кирочная ул. 50 (Kirotschnaja ul. 50); Metro: Tschernyschewskaja (d 3); Eintritt frei

Zirkus ⇢ S. 121, D 17
→ S. 41

Zoo ⇢ S. 113, E 2
Александровский Парк 1 (Alexandrowskij Park 1); Metro: Gorkowskaja (c 3); tgl. 10–19 Uhr, im Winter bis 17 Uhr

Zoologisches Museum
⇢ S. 113, E 4
Университетская наб. 1 (Uniwersitetskaja nab. 1); Tel. 218-01 12; Metro: Newskij Prospekt (c 3), Bus 10; tgl. außer Fr 11–17 Uhr; Eintritt 10 Rbl

Unterwegs in St. Petersburg

St. Petersburgs Kunsttempel: Der Winterpalast beherbergt etwa drei Millionen Exponate in 1057 Räumen und 400 Sälen.

Prunk und Glanz prägen das Stadtbild. Prachtvolle Schlösser und Gärten, vergoldete Kuppeln und Turmspitzen machen St. Petersburg zur schönsten Stadt Russlands.

Sehenswertes

Die prachtvolle Vergangenheit und eine dynamische Gegenwart prägen das Stadtbild von St. Petersburg.

Faszinierende Farbenpracht – die Christi-Auferstehungs-Kathedrale wurde nach dem Vorbild der Basilius-Kathedrale in Moskau 1883 bis 1907 erbaut.

Die St. Petersburger Altstadt – die sich aufteilt in die Petrograder Seite, die Wassili-Insel und die »Große Seite« (Festland) – gleicht einem riesigen Freilicht-Architektur-Museum des 18. und 19. Jh., in dem selten ein modernes Gebäude das Auge stört. Wer die Stadt zum ersten Mal besucht, braucht mindestens sieben Tage, wenn er auch nur die wichtigsten Kulturdenkmäler sehen möchte.

Neben russischen wirkten viele westeuropäische Baumeister mit an der Erbauung der Stadt. Die genialsten Baumeister des **Barock** (etwa 1700–1760): der Schweizer D. Trezzini, der Deutsche G. Schädel, der Franzose J. B. Leblond und der Florentiner B. F. Rastrelli; im **spätbarocken Klassizismus** (etwa 1760–1780): der Moskauer W. Bashenow, der Franzose J. B. Vallin de la Mothe, der Italiener Rinaldi und der Petersburger Veldten; im **Klassizismus** (etwa 1780–1830): der Italiener Quarenghi, der Schotte Cameron, die Russen Starow und Stassow, der in Petersburg geborene Italiener Rossi und der Franzose de Montferrand; und im **Historismus** (etwa 1850–1900): der Russe deutscher Herkunft A. Schtakenschneider und die russischen Architekten A.P. Brjullow und K. Thon.

Der sprachunkundige Reisende, der über wenig Zeit verfügt, sollte sich Führungen anschließen, denn die Beschriftungen an Denkmälern, in Kirchen und Museen sind nach wie vor vorwiegend in Kyrillisch verfasst. Wenn Sie Individualreisender sind, empfiehlt es sich, eine Tour über das Hotel organisieren zu lassen.

St. Petersburg hat sich seit Anfang der Neunzigerjahre enorm entwickelt. Besonders zum Stadtgeburtstag 2003 hat die Metropole an der Newa sich herausgeputzt. Viele Straßen, Kanäle, Plätze und Brücken haben ihre vorrevolutionären Namen zurückerhalten, überall wurden nun in der Stadt die alten Fassaden gestrichen oder ganze Häuserblocks erneuert, die Parks sind gepflegt und die Straßen sauber.

Admiralität (Admiralitejstwo) ⇢ S. 119, E/F 14

Mit ihrer nadelförmigen vergoldeten Turmspitze – gekrönt von einer Wetterfahne in Form einer russischen Karavelle – ist die Admiralität eines der berühmtesten Wahrzeichen St. Petersburgs. Bereits in den frühen Planungen war ihr heutiger Standort als ein Zentrum der Stadt am südlichen Newa-Ufer vorgesehen, und bis heute bezeichnet die Admiralität und nicht der Schlossplatz für die Einheimischen den Mittelpunkt Petersburgs, denn von hier führen drei große alte Straßen – der **Wosnesenskij Prospekt** (früher Prospekt Majorowa), die **Gorochowaja-Straße** (früher Dsershinskogo Uliza) und der **Newskij Prospekt** – strahlenförmig in die Außenbezirke.

Nur wenig später als mit dem Bau der Peter-und-Paul-Festung auf der Petrogradskaja-Seite wurde 1704 auf dem Gelände der heutigen Admiralität mit der Errichtung einer Werft begonnen, die gegen das Wasser mit hohen Erdwällen gesichert war. 1711 veranlasste Peter I. den Bau eines Admiralitäts-Kollegiums (Flottenministerium), dessen Turm in den Torturm des späteren Neubaus einbezogen wurde.

Die Admiralität, wie wir sie heute kennen, als mächtiger klassizistischer Bau auf U-förmigem Grundriss mit einer 407 m langen Hauptfassade sowie zwei jeweils 163 m langen Seitenflügeln entstand zwischen 1806 und 1823. Die Anlage versinnbildlicht architektonisch und in ihrem Skulpturenschmuck die Größe Russlands als Seemacht. Bis 1844 wurden hier Schiffe gebaut. In der Admiralität, die sich zwischen den beiden imposantesten Plätzen Petersburgs – dem Schlossplatz im Osten und dem De-

Die Admiralität ist eines der Wahrzeichen der Stadt. Sie steht heute unter dem Schutz der UNESCO.

kabristenplatz im Westen – erhebt, ist seit 1925 die Hochschule für Marineingenieure untergebracht. Der Bau ist leider nicht zu besichtigen.
Адмиралтейская наб. 2 **(Admiraltejskaja nab. 2); Metro: Newskij Prospekt (c 3); alle Busse außer 5, 22**

Akademie der Künste (Akademija iskusstw) → S. 118, C 13

An der schönsten Uferstraße der Stadt, der **Uniwersitetskaja Nabereshnaja** auf der Wassili-Insel, liegt die Akademie der Künste. Von der Tochter Peters I., der Zarin Elisabeth I., zur Förderung der Malerei, Bildhauerei und Architektur 1757 gegründet, erhielt die Akademie jedoch erst unter Katharina der Großen ein eigenes Gebäude. Drei große Architekten ihrer Zeit, Vallin de la Mothe, Kokorinow und Veldten, waren an dem Bau beteiligt, der sich 1788 als eines der schönsten Werke des spätbarocken Klassizismus präsentierte.

46 Jahre später vollendete der Architekt Konstantin Thon vor der Akademie am Ufer der Newa den **Sphingen-Pier**, den Bronzelaternen, Greife und zwei über 3,60 m hohe Sphingen aus Theben schmücken. Zar Nikolai I. hatte die Steinfiguren 1832 vom ägyptischen Staat gekauft.

Heute ist in dem Akademiegebäude das **Ilja-Repin-Institut** für Malerei, Bildhauerei und Architektur untergebracht, das 1947 – als der Sitz der Akademie der Künste nach Moskau verlegt wurde – das schöne Haus am Universitäts-Kai bezog. Es trägt den Namen des populärsten Malers der berühmten Malergruppe, der »Wanderer«, Ilja Repin. Die Werke des Künstlers sind im Russischen Museum (→ S. 73) zu sehen.
Университетская наб. 17 **(Uniwersitetskaja nab. 17); Bus 1, 7**

Alexander-Newski-Kloster (Alexandro-Newskaja lawra)

→ S. 122/123, C/D 24

Von Peter I. 1710 gegründet und von Pawel I. Ende des 18. Jh. mit dem Ehrentitel Lawra ausgezeichnet, gehört das Alexander-Newski-Heilig-Dreifaltigkeitskloster zu den vier wichtigsten Klöstern Russlands, die früher nicht nur über erhebliche weltliche Privilegien verfügten, sondern auch Zentren des geistigen Lebens und der religiösen Macht der russisch-orthodoxen Kirche waren. Seinen Namen erhielt das Kloster nach dem Fürsten von Nowgorod, Alexander Jaroslawski, der 1240 in einer Schlacht an der Newa die mit den Ordensrittern verbündeten Schweden vernichtend geschlagen hatte und damit eine große Gefahr für die orthodoxen russischen Lande abwendete. Anlässlich seines großen Sieges wurde ihm der Beiname »Newski« verliehen, nach seinem Tod sprach ihn die orthodoxe Kirche heilig.

Wie bei vielen großen Bauwerken St. Petersburgs wirkten auch bei der Errichtung des Alexander-Newski-Klosters mehrere berühmte Baumeister verschiedener Stilepochen mit. Der Besucher betritt die Klosteranlage durch die Paradeeinfahrt mit Torkirche. Der Eintritt ist frei, nur wer die alten Friedhöfe und das Museum in der Mariä-Verkündigungs-Kathedrale besichtigen möchte, muss an der Kasse rechts vor dem Haupteingang Eintrittskarten lösen.

Noch bevor man den inneren Klosterbezirk betritt, passiert man zwei rechts und links in die Mauerbegrenzungen eingelassene Türen: die Zugänge zu dem **Lazarus**- und dem **Tichwiner Friedhof** mit den Gräbern großer Politiker, Künstler und Wissenschaftler. Hier wurden auch Tschaikowsky, Dostojewski, Rimski-Korsakow, Mussorgski und Glinka bestattet.

Nach der Brücke, die über einen Wassergraben führt, tritt der Besucher durch ein weiteres Tor und gelangt in die eigentliche Klosteranlage. Linker Hand erhebt sich die rot-weiße **Mariä-Verkündigungs-Kathedrale**, erbaut vom Schweizer Architekten Domenico Trezzini. Das von 1717 bis 1722 im frühbarocken Stil errichtete Gebäude umfasste ursprünglich drei Kirchen: im Obergeschoss die Nebenkirchen des hl. Alexander Newski und des hl. Sergios, im Untergeschoss die namensgebende Mariä-Verkündigungs-Kathedrale, die seit Peter I. auch als eine Grabkirche der Zarenfamilie diente. Die Kathedrale wird voraussichtlich nicht an die orthodoxe Kirche zurückgegeben werden, sondern beherbergt weiter das Museum für Städtische Skulpturen.

Anders die **Dreifaltigkeits-Kathedrale**, mit deren Bau Peter I. ebenfalls Trezzini beauftragt hatte, die aber erst 1790 von Starow vollendet wurde. In dem mächtigen klassizistischen Bau, der die Klosteranlage dominiert, finden um 9 und 18 Uhr regelmäßig Gottesdienste statt. Nur zu diesen Zeiten ist die Kirche auch geöffnet.

Ungewöhnlich sind die Kopien von Bildern van Dycks, Rubens und anderer westeuropäischer Maler in der Ikonostase aus weißem Marmor und rotem Achat. In der Ikone, die den Namenspatron des Klosters darstellt, sind im Gürtel der männlichen Figur hinter einem kleinen Glasfenster Reliquien Alexander Newskis zu sehen.

Die 1757 gegründete Akademie der Künste hat schon viele berühmte Architekten, Bildhauer und Maler hervorgebracht.

пл. Александра Невского **(pl. Aleksandra Newskogo); Metro: Pl. Aleksandra Newskogo (d 4); tgl. außer Do 11–19 Uhr, Kasse bis 18 Uhr**

Anitschkow-Brücke und -Palais (Anitschkow most i dworez)

S. 121, D 18

Allein weil sein Regiment an dieser Stelle die erste (Holz-)Brücke über die Fontanka schlug, kam Oberst Michail Anitschkow, ein Zeitgenosse Peter I., zu Weltruhm. Er gab nämlich einer der schönsten Brücken St. Petersburgs, der **Anitschkow-Brücke**, und einem anliegenden Palais seinen Namen.

Wirklich berühmt wurde die Brücke, die Ende des 18. Jh. durch einen Steinbau ersetzt worden war und über die der Newskij Prospekt verläuft, allerdings erst 1850. Seitdem zieren sie vier bronzene Skulpturengruppen des Bildhauers Peter Klodt von Jürgensburg – die »Rossebändiger«. Jede der Figurengruppen stellt eine andere Phase der Bändigung eines wilden Pferdes durch einen Jüngling dar. Die herrlichen Skulpturen weckten in ganz Europa Bewunderung. Zwei Abgüsse schenkte Zar Nikolai I. seinem Schwager Friedrich Wilhelm IV. von Preußen, ein weiterer Abguss ging nach Neapel.

Einen Einblick in das »süße Leben« des Petersburger Hofes im 18. Jh. gibt die wechselvolle Geschichte des Anitschkow-Palais, eines der frühesten Bauwerke am Newskij Prospekt. Gleich zwei Zarinnen verschenkten es an ihre Liebhaber: Elisabeth I., die es für ihren Favoriten, den Bauernsohn Aleksei Rasumowski, bauen ließ, und Katharina die Große, die den Palast dem zehn Jahre jüngeren Fürsten Potjomkin schenkte, einem hoch begabten Politiker, seit 1774 Berater und Geliebter der Zarin. Als der stets hoch verschuldete Potjomkin das Anwesen verkaufte, erwarb es Katharina zurück und schenkte es ihm ein zweites Mal. Doch 1785, zwei Jahre, nachdem er die für Russland strategisch wichtige Halbinsel Krim annektiert hatte, münzte er das Palais wiederum in Bares um. Diesmal verkaufte es Potjomkin an das russische Schatzamt, und seitdem verblieb der Bau bis 1917 im Eigentum der Zaren.

Невский пр. **39 (Newskij pr. 39); Metro: Newskij Prospekt (c 3)**

Aurora (Awrora)

S. 114, C 5

Dieses berühmte Schiff (Stapellauf: 1900) war schon im Russisch-Japanischen Krieg 1904/1905 und dann im Ersten Weltkrieg eingesetzt worden,

Der legendäre Panzerkreuzer »Aurora« dient heute als Museum.

Das Haus Peters I. ist nicht mit dem Originalmobiliar ausgestattet, aber es sind Gegenstände aus dem persönlichen Besitz des Zaren zu sehen.

bevor es in der Oktoberrevolution von 1917 historische Bedeutung erlangte. Am 25. Oktober um 21.40 Uhr feuerte die Besatzung jenen legendären Schuss ab, der das Signal zur Erstürmung des Winterpalais und zum Sturz der bürgerlichen Regierung unter Kerenski gab.

1956 ging die »Aurora« auf der Großen Newka, einem Seitenarm der Großen Newa, vor Anker und wurde nun als eine Zweigstelle des Zentralen Museums der Kriegsmarine der Öffentlichkeit zugänglich gemacht. Die Besichtigung des Schiffs ist kostenlos, Eintrittskarten muss man nur für die Ausstellungen lösen (Führungen in Englisch und Russisch).

Петроградская наб. **4 (Petrogradskaja nab. 4, gegenüber Hotel St. Petersburg); Metro: Gorkowskaja (c 3); tgl. außer Mo und Fr 10.30–16 Uhr**

Bankbrücke (Bankowskij most) → S. 120, A/B 18

Die schönste Fußgängerbrücke St. Petersburgs! Wenn man vom Newskij Prospekt (vom Pl. Wosstanija kommend) links vor der Kasaner Kathedrale abbiegt, kann man die märchenhaften gusseisernen Greife mit den vergoldeten Flügeln bereits sehen. Ihren Namen erhielt die Brücke, die 1825/26 von dem Ingenieur Georg Traitteur gebaut wurde (die Figuren stammen von dem Bildhauer P. Sokolow), von der Assignatenbank, auf deren Rückfront man von der Bankbrücke aus blickt. Diese Bank wurde von Katharina II. gegründet und gab das erste russische Papiergeld heraus.

наб. Канала Грибоедова **(nab. Kanala Gribojedowa); Metro: Gostinyj Dwor (c 3)**

Christi-Auferstehungs-Kathedrale (Sobor Spas na krowi)

→ S. 114, B 8

Biegt man vom Newskij Prospekt auf der Höhe der Kasaner Kathedrale rechts in die Uferstraße am Gribojedow-Kanal ab, so wird der Blick sogleich durch die farbenprächtigste und »russischste« aller Kirchen in St. Petersburg gefesselt – die Christi-Auferstehungs-Kathedrale. Im Volksmund wird sie auch »Erlöser-Kathedrale auf dem Blut« genannt, denn

Zar Alexander III. ließ die Kirche an dem Ort errichten, an dem sein Vater, Alexander II., 1881 einem Bombenanschlag der radikalrevolutionären Gruppe »Narodnaja Volja« (Volkswille) erlag.
наб. Канала Грибоедова **(nab. Kanala Gribojedowa); Metro: Newskij Prospekt (c 3)**

Haus Peters I. (Domik Petra I.) ⇢ S. 114, B 6

Dieses Häuschen lohnt eine Besichtigung, nicht nur, weil es das älteste erhaltene Bauwerk St. Petersburgs ist, sondern weil es einen Einblick in den einfachen persönlichen Lebensstil dieses großen Reformers gibt.

Das Haus mit den drei Räumen entstand 1703, als der Zar den Bau der Peter-und-Paul-Festung persönlich beaufsichtigte. Schon früh wurde das Haus aus konservatorischen Gründen mit Steinmauern umgeben.
Петровская наб. **6 (Petrowskaja nab. 6); Metro: Gorkowskaja (c 3); tgl. außer Di und letzter Mo des Monats 10–17.30 Uhr**

Isaaks-Platz und -Kathedrale (Isaakajewskaja ploschtschad, Isaakajewskij sobor) ⇢ S. 119, F 15

Zwischen Senatsplatz und **Isaaks-Platz** erhebt sich die **Isaaks-Kathedrale**, der drittgrößte sakrale Kuppelbau der Welt. Diese aus rotem Granit und grauem Marmor errichtete, 111 m lange, 97 m breite und knapp 102 m hohe prächtigste Kirche St. Petersburgs lässt förmlich alle umgebenden Gebäude schrumpfen. Erst dem Betrachter, der zu den Kolonnaden unter der mattgoldenen Kuppel aufsteigt, um den einmaligen Rundblick auf die Stadt zu genießen, erschließen sich die harmonischen Proportionen des Isaaks-Platzes.

2

Der von Zar Alexander I. im Jahr 1818 in Auftrag gegebene Bau der **Isaaks-Kathedrale** (benannt nach dem Schutzpatron Peters I., dem hl. Isaak von Dalmatien) war von Anfang

Die Isaaks-Kathedrale, die in über 40 Jahren Bauzeit entstand, sollte die Position Russlands als neue europäische Großmacht zum Ausdruck bringen.

an ein Werk der Superlative. 24 000 Baumstämme benötigte der französische Baumeister Montferrand, um ein festes Fundament im sumpfigen Untergrund zu schaffen. Das Gebäude wiegt 300 000 t und bietet 14 000 Menschen Platz.

1931 wandelte die kommunistische Regierung die Isaaks-Kathedrale in ein Museum um. 1992 wurde in der Kirche in Anwesenheit des damaligen russischen Präsidenten Jelzin und des Petersburger Oberbürgermeisters Sobtschak sowie 40 000 Gläubiger erstmals wieder ein großer Festgottesdienst zelebriert. Die Kathedrale bleibt zwar ein Museum, doch finden jetzt an Seitenaltären regelmäßig um 6.30 und 9.30 Uhr Messen statt.

In der Mitte des Isaaks-Platzes steht die **Reiterskulptur Nikolais I.** Ausgeführt hat sie nach Entwürfen von Montserrat Peter Klodt von Jürgensburg. Wer von der Kuppel der Isaaks-Kathedrale auf den Dekabristen- und Isaaks-Platz hinunterschaut, sieht zugleich den »Ehernen Reiter« und das Denkmal Nikolais.

Pracht und Glanz prägen auch das Innere der Isaaks-Kathedrale.

Das südliche Ende des Isaaks-Platzes begrenzt das **Marien-Palais**, das Nikolai I. Mitte des 19. Jh. für seine älteste Tochter Maria von Andrei Schtakenschneider errichten ließ. Seit 1990 ist es Sitz des ersten demokratisch gewählten Stadtparlaments St. Petersburgs.

Исаакиевская пл. **(Isaakijewskaja pl.); Metro: Newskij Prospekt (c 3), Busse 5, 22; Kathedrale tgl. 11–19 Uhr; Kolonnaden tgl. 11–17 Uhr (trotz Verbotsschild ist das Fotografieren von der Kuppel aus erlaubt)**

Kasaner Kathedrale (Kasanskij sobor) ⇢ S. 120, A 18

Geplant war eine Kopie des Petersdoms in Rom, doch heraus kam eine höchst eigenständige Schöpfung des russischen Klassizismus: Die **Kathedrale der Gottesmutter von Kasan**, direkt am Newskij Prospekt gelegen, ist neben der jüngeren Isaaks-Kathedrale die gewaltigste und eindrucksvollste Kirche Petersburgs. Ihr Architekt, der Leibeigene Andrei Woronichin, plante an der südlichen Front mächtige bogenförmige Kolonnaden, wie sie auch an der Nordfront zu sehen sind.

Er konnte jedoch seinen Entwurf nicht ganz verwirklichen. Die Bronzetüren des Eingangs am Newskij Prospekt stellen eine Kopie der Paradiespforte im Baptisterium von Florenz dar.

Gebaut wurde die Kathedrale 1801 bis 1811 für das Bildnis der Gottesmutter von Kasan aus dem 16. Jh., eine der wichtigsten Ikonen der russisch-orthodoxen Kirche. 1904 wurde es aus der Ikonostase der Kathedrale gestohlen und existiert jetzt nur noch in Kopien.

Nach dem »Vaterländischen Krieg« gegen Napoleon fungierte die Kathedrale auch als Gedenkstätte des russischen Triumphs über Frankreich. Hier ist der Oberbefehlshaber der russischen Truppen, Michail Kutusow, dessen Denkmal auch vor den Kolonnaden am Newskij Prospekt zu besichtigen ist, beigesetzt. Nach seinem Wunsch – er starb 1813 im damals preußischen Bunzlau – sollte sein Herz in Russland begraben werden. Erbeutete Fahnen und die Schlüssel eroberter Städte dokumentieren im prunkvollen Innenraum der Kirche die Siege des Landes in den Befreiungskriegen.

1932 wurde die Kasaner Kathedrale ein **Museum für die Geschichte der Religion und des Atheismus**. Seit 1990 finden in der Kirche wieder Gottesdienste statt.

Казанская пл. 2 (Kasanskaja pl. 2); Metro: Newskij Prospekt (c 3); Museum: tgl. 11–18 Uhr, Kasse bis 17 Uhr, Mi geschl.; Eingang: Nab. Kanala Gribojedewa

Marmorpalais
(Mramornyj dworez) → S. 114, B 7
→ Russisches Museum, S. 74

Marsfeld
(Marsowo pole) → S. 114, B/C 7–8

Heute wird der 12 ha große Platz vom beeindruckenden Ehrenmal des konstruktivistischen Architekten Lew Rudnjew »Für die gefallenen Helden der Revolution« von 1919 beherrscht. Aber die Geschichte des Platzes ist viel älter. Zu Zeiten Peters I. schon Parade-, aber auch Vergnügungsplatz für das Volk, später den Lustbarkeiten des Zarenhofs reserviert, erhielt er unter Pawel I., der dort sein berühmtes Pawlow'sches Regiment exerzieren ließ, seinen heutigen Namen »Marsfeld«. Bauten berühmter

Wegzeiten (in Gehminuten) zwischen wichtigen Sehenswürdigkeiten

	Schlossplatz	Ostrowski-Platz	Platz der Künste	Dekabristenplatz	Kathedrale	Neu-Holland	Kathedrale	Moskauer Bahnhof	Witebsker Bahnhof	Isaaks-Platz
Schlossplatz	–	25	20	15	60	40	50	55	50	15
Ostrowski-Platz	25	–	10	35	70	60	70	30	35	35
Platz der Künste	20	10	–	35	60	60	70	40	45	35
Dekabristenplatz	15	35	35	–	75	25	45	65	50	10
Peter-und-Paul-Kathedrale	60	70	60	75	–	100	110	100	105	75
Neu-Holland	40	60	60	25	100	–	20	90	65	25
Nikolaus-Marine-Kathedrale	50	70	70	45	110	20	–	95	45	35
Moskauer Bahnhof	55	30	40	65	100	90	95	–	50	65
Witebsker Bahnhof	50	35	45	50	105	65	45	50	–	40
Isaaks-Platz	15	35	35	10	75	25	35	65	40	–

Unter den eindrucksvollen Kolonnaden der 1811 erbauten Kasaner Kathedrale befindet sich heute das Museum für Religionsgeschichte.

Architekten umgeben den Platz: Im Norden befindet sich das **Marmorpalais** von Rinaldi und die Palais der Adligen Saltykow von Quarenghi und Bezkoi von Veldten. Im Westen erheben sich die Kasernen des Pawlow'schen Garderegiments, erbaut von Stassow.

Im Norden schließt sich der **Suworow-Platz** an mit dem Denkmal des berühmten Marschalls, der gegen die Türken und die Franzosen kämpfte. Suworow ist als Kriegsgott Mars dargestellt. Von dem Platz führt die längste Steinbrücke Petersburgs, die **Troizki-Brücke** (Dreifaltigkeitsbrücke, früher Kirow-Brücke), über die Newa zur Peter-und-Paul-Festung und der Petrograder Seite. Die 1897 eröffnete Brücke mit den schönen Jugendstillaternen lohnt einen Besuch, denn von ihrer Mitte aus hat man einen herrlichen Blick auf die Peter-und-Paul-Festung, die Strelka der Wassili-Insel und die Große Seite.

Metro: Gostinyj Dwor (c 3), Straßenbahnen 2, 3, 12, 34, Bus 25; außer dem Marmorpalais keine Besichtigung der Gebäude

Nikolaus-Marine-Kathedrale (Nikoskij morskoj sobor)

···› S. 119, D 16

Die Kathedrale erscheint auf den ersten Blick noch prachtvoller als die Auferstehungskathedrale des Smolnyj-Klosters, an die sie durch ihre Farbgebung erinnert.

Mit ihrem Grundriss in Form eines griechischen Kreuzes, über dem sich ein fünfkuppliger Bau erhebt, und dem separaten Glockenturm folgt die Nikolaus-Marine-Kathedrale alten russischen Kirchenbautraditionen. Doch das reiche barocke äußere Dekor und die schönen stuckverzierten Fenster mit Balkonen verleihen ihr einen eher palastähnlichen Charakter. Auch der 100 m entfernt stehende Glockenturm erweist mit seiner kleinen Kuppel und schmalen Spitze dem damaligen »modernen« Baustil seine Reverenz.

Die in einem kleinem Park gelegene Kathedrale ist heute die Hauptkirche der Petersburger Metropole (Gemeinde). Der Bau unterteilt sich in eine Sommerkirche im oberen Stockwerk und in eine heizbare Winterkirche im Erdgeschoss. Gebaut wurde die Kathedrale (1753–1762) als Schutzkirche der Flottenangehörigen.

Никольская пл. 1/3 (Nikolskaja pl. 1/3); Metro: Sennaja Pl. (b 4) (früher: Pl. Mira), Busse 5, 43; Unterkirche: tgl. außer So 9 und 18 Uhr; Oberkirche: an Feiertagen 7–11, am Vorabend 19 Uhr

Ostrowski-Platz (Ploschtschad Ostrowskowo)

···› S. 120, C 18

Die Petersburger lieben es, geruhsam auf den Banken der Grünanlage zu sitzen, die sie liebevoll »Katkas Gärtchen« nennen, zu Füßen des **Denkmals Katharinas der Großen**.

Katharinas Urenkel, Alexander II., ließ das Denkmal 1873 errichten. Es zeigt die Imperatorin im Hermelinmantel, ihr zu Füßen ihre wichtigsten politischen Berater und Feldherren, darunter ihre Liebhaber Orlow und

Potjomkin, aber auch der Dichter Dershawin und – als einzige Frau – die Fürstin Dashkowa, die damalige Präsidentin der Akademie der Wissenschaften.

Der Platz selber, der bis zu seiner Umbenennung 1923 Alexandrinskij-Platz hieß, ist älter. Dominiert wird er von den klassizistischen Bauten des **Alexandrinskij-Theater** im Süden und der **Saltykow-Schtschedrin-Bibliothek**, der zweitgrößten Bibliothek Russlands, an seiner westlichen Seite. Beide Gebäude errichtete Rossi von 1828 bis 1832. Auf der Ostseite des Platzes runden zwei etwas ältere, zum Anitschkow-Palais gehörende Pavillons, ebenfalls von Rossi erbaut, das klassizistische Bauensemble ab. Die Bibliothek, in deren Besitz sich unter anderem die Privatbibliothek Voltaires befindet, ist nur Wissenschaftlern zugänglich.

пл. Островского/Невский пр.
(pl. Ostrowskogo/Newskij pr.); Metro: Gostinyi Dwor (c 3)

Peter-und-Paul-Festung (Petropawlowskaja krepost)

→ S. 113, F 2–3/S. 114, A 6–7

Auch heute noch ertönt in St. Petersburg um 12 Uhr statt des Glockenschlags ein Kanonenschuss. Seit dem 3 18. Jh. wird er jeden Mittag von der Naryschkin-Bastion in der Peter-und-Paul-Festung abgefeuert. Nach diesem Ton, der überall im Zentrum zu hören ist, stellen die Petersburger ihre Uhren.

Die Grundsteinlegung für diese Festung am 16. Mai 1703 auf der Haseninsel am südlichen Ende der Petrograder Seite ist auch die Geburtsstunde St. Petersburgs. Die ersten Pläne für das Bollwerk, das Russland im Norden gegen Schweden schützen und den Weg zur Ostsee und nach Westeuropa frei machen sollte, hatte Peter I. selbst skizziert. 20 000 Leibeigene schufen in nur wenigen Monaten ein tragfähiges Fundament aus Erde im sumpfigen Boden. Ab 1704 übernahm der Schweizer Architekt Trezzini die Bauleitung, und bereits 1706 wurde mit dem Bau einer mächtigen Backsteinmauer in Form eines unregelmäßigen Sechsecks begonnen, die an den Ecken von sechs Bastionen gesichert war.

Die Bastionen tragen bis heute die Namen von Peters Verwandten und Freunden oder von Adligen, die den Bau beaufsichtigten. Im Jahr 1721 war mit dem Frieden von Nystadt zwischen Russland und Schweden die Gefahr aus dem Norden gebannt und Russland zu einer europäischen Macht aufgestiegen. Dagegen erwarb sich die Festung schon früh den Ruf als berüchtigtes Staatsgefängnis für politische Gegner der russischen Regierung.

Der Besucher betritt die Peter-und-Paul-Festung vom Kamennostrowskij Prospekt (früher Kirow Pr.) kommend über die hölzerne Johannesbrücke, die über den Kronwerkkanal führt. Von hier aus kann er einen Blick auf die sonnenhungrigen Petersburger werfen, die sich in Scharen auf den Mauern oder in den Sommermonaten an den Stränden der Haseninsel bräunen. Im Winter versetzen dann die berühmten »Walrosse« (Eisschwimmer) den Fremden in Erstaunen (und Schauder). Nach der Brücke passiert man zunächst den Johannes-Ravelin, die Außenbefestigung mit dem Johannestor, benannt nach dem Halbbruder Peters I., Iwan. Durch das Peterstor gelangt der Besucher auf das eigentliche Festungsareal. Das Tor, im Stil des Frühbarock erbaut und als Triumphbogen gestaltet, wurde von Trezzini 1718 – anlässlich der Siege Russlands im Großen Nordischen Krieg – anstelle des früheren Holztores errichtet.

Den Eingang schmückt ein über 1000 kg schwerer russischer Doppeladler, der den Machtanspruch des Landes in Europa und Asien symbolisiert. Das Holzrelief im Giebel, das aus dem früheren Peterstor stammt,

Die Peter-und-Paul-Festung auf der Haseninsel. Die Kathedrale wurde 1733 nach 21 Jahren Bauzeit fertig gestellt und beherbergt heute die Gräber der Romanow-Zaren von Peter dem Großen bis Nikolai II.

behandelt eine Episode aus der Apostelgeschichte: den Sturz Simons des Weisen, der im Himmel die Macht Gottes herausforderte und durch das Gebet des Apostels Petrus zur Erde zurückverbannt wird. Die Gestalt des Apostels, Namenspatron Peters I., trägt die Züge des Zaren.

Nach dem Tor erblickt man linker Hand die rosafarbene Fassade des **Ingenieurs-Hauses.** Um die Mitte des 18. Jh. lebten hier die Bauleiter, heute beherbergt das Gebäude eine Zweigstelle des Museums für Stadtgeschichte, in der wechselnde Ausstellungen gezeigt werden.

Vor dem folgenden Haus, der im 20. Jh. umgebauten **Hauptwache,** steht eine moderne Bronzeskulptur Peters I. von Michael Schemjakin, einem Bildhauer, der in den siebziger Jahren des 20. Jh. aus der UdSSR ausgebürgert wurde. Das in Petersburg heftig umstrittene Denkmal stellt den Zaren mit auffallend kleinem Kopf und überdimensionalen Gliedmaßen auf dem Thron sitzend dar.

Links von der Hauptwache erhebt sich das **Newator**, durch das man die Festung betritt, wenn man mit dem Schiff die Anlage besucht. Im Inneren des 1785 umgebauten Tores sind Markierungen der höchsten Wasserstände der Newa zu sehen.

Es lohnt sich, auf den **Kommandanten-Landesteg** hinauszutreten. Von hier hat man, besonders am Abend, einen einmaligen Blick auf die Kuppeln und Türme der Großen Seite. Wer Zeit hat, sollte die Besichtigung unterbrechen und von hier aus eine einstündige Bootsfahrt über die Flüsse und Kanäle Petersburgs unternehmen.

Schräg gegenüber vom Newator liegt das Mitte des 18. Jh. erbaute **Wohnhaus des Festungskommandanten**. Früher befand sich hier auch ein Gerichtssaal, in dem unter anderem der Prozess gegen die Dekabristen stattfand. Heute gehört der Bau wie das Ingenieurhaus dem Museum für Stadtgeschichte.

Nach dem Kommandantenhaus erreicht man das Zentrum der Festung, die **Peter-und-Paul-Kathedrale**. Der schlanke vergoldete Glockenturm mit der schmalen hohen Spitze ist neben der viel jüngeren Admiralität das Wahrzeichen St. Petersburgs. DomenicoTrezzini baute die Peter-und-Paul-Kathedrale 1712 bis 1733 im Stil des holländischen Frühbarocks. Ihr 122,5 m hoher Turm ist bis heute – vom Fernsehturm abgesehen – das höchste Gebäude der Stadt. Gekrönt wird er von einem 3 m großen fliegenden Engel, der ein 7 m hohes Kreuz hält.

Über diesen Engel, der 1830, als in den Glockenturm der Blitz einschlug, abzustürzen drohte, erzählen die Petersburger jedem Fremden die Geschichte vom Leibeigenen Dachdecker Tjoluschkin, der, nur mit Seilschwingen gesichert, den Engel wieder aufrichtete und zur Belohnung einen Pokal erhielt, der ihm freies Trinken in allen Petersburger Kneipen garantierte. Tjoluschkin trank sich bald zu Tode, aber das stumme Zeichen, mit zwei Fingern auf die Kehle zu klopfen, wenn man trinken möchte, ist bis heute unter Russen populär. Früher erklang vom Glockenturm viermal am Tag die Zarenhymne, heute erklingt um 6, 12, 18 und 24 Uhr die russische Nationalhymne.

Seit Peter I. war die Peter-und-Paul-Kathedrale Grabkirche der russischen Zaren. Am 5. März 1995 wurden die sterblichen Überreste von Nikolai II., dem letzten russischen Zar, hier beigesetzt.

Den dreischiffigen, durch mächtige Säulen gegliederten hallenartigen Raum schmücken Wandgemälde und erbeutete Fahnen aus den Kriegen

An der rechten Seite der Peter-und-Paul-Kathedrale vor der Ikonostase eröffnet der marmorne Sarkophag Peters des Großen die erste Reihe der Zarengräber.

Russlands mit Schweden und dem Osmanischen Reich. Die prunkvolle holzgeschnitzte Ikonostase in Form eines Triumphbogens zieren auch Skulpturen – eine Novität in der russisch-sakralen Kunst. Seit 1993 werden die Ikonen restauriert, so dass für längere Zeit nur die prächtige vergoldete Einfassung zu sehen ist. Dafür kann aber wieder der frisch restaurierte Zarenplatz mit dem kostbaren silbernen Doppeladler bewundert werden, unter dessen purpurnem Baldachin nur die russischen Herrscher beten durften. Unweit davon erhebt sich die (in orthodoxen Kirchen unübliche) erste Kanzel Russlands.

Троицкая пл. **(Troizkaja pl., früher pl. Rewoljuzi); Metro: Gorkowskaja (c 3); Museen und Kathedrale: tgl. 11–17 Uhr, Di 11–16 Uhr, Mi und letzter Di des Monats geschl.**

Piskarjowskoje-Gedenkfriedhof (Piskarjowskoje kladbische)

⟶ S. 117, nordöstl. F 9

1,5 Millionen Menschen kamen während der 900 Tage dauernden Belagerung der Stadt im Zweiten Weltkrieg durch Hunger, Kälte und Bomben um. Etwa 500 000 Tote sind auf dem Piskarjowskoje-Friedhof beigesetzt. Nur die Jahreszahl des Todesjahres steht auf den schlichten Steinen, über die die Petersburger Dichterin Olga Berggolz schrieb: »... wer diesen Steinen zuhört, weiß: niemand ist vergessen, nichts ist vergessen.« Ihre ergreifenden Verse sind auf der Granitmauer zu lesen, die am Ende des Friedhofs eine Terrasse mit der ewigen Flamme und einer Bronzeskulptur der »Mutter Heimat« begrenzt. In den Pavillons am Eingang der 1960 eröffneten Gedenkstätte wird der grausame Überlebenskampf der Stadt dokumentiert.

пр. Непокорённых **74 (pr. Nepokorjonnych 74, Wyborger Seite); Metro: Pl. Lenina (d 2-3), Bus 38, 100, 107; tgl. 10–18 Uhr; Pavillons tgl. 10–17.30 Uhr**

Platz der Künste (Ploschtschad iskusstw)

⟶ S. 120, B/C 17

Biegt man vom Newskij Prospekt beim Grand Hotel Europe in die Michajlowskaja-Straße ab, so stößt man direkt auf den Platz der Künste. Carlo Rossi, der große italienisch-russische Architekt des Klassizismus, der 1816 in die Dienste des Petersburger Hofes trat, hat ihn geschaffen. Rossi baute auch das Michails-Palais für den jüngsten Bruder des Zaren Alexander I., heute das **Russische Museum** (→ S. 74), das sich hinter der Grünanlage erhebt. Es gehört zu den schönsten klassizistischen Bauten Petersburgs und zu den wenigen, die von späteren Besitzern nicht umgebaut wurden.

Seit 1957 schmückt die Grünanlage ein Denkmal des großen Dichters und Schöpfers der russischen Literatursprache, **Alexander Puschkin**. Es ist ein Werk des Bildhauers Michail Anikuschin, der für diese Skulptur den Leninpreis – den höchsten Staatspreis der früheren UdSSR – erhielt.

Seinen heutigen Namen erhielt der Platz, den Museen, Theater und die Philharmonie umgeben, erst 1940. Bis dahin hieß er Michails-Platz. Rossi hatte für alle Bauten des Platzes Fassadenentwürfe vorgegeben, an die sich auch spätere Baumeister hielten, so Brjullow, der in den Dreißigerjahren des 19. Jh. das Michails-Theater – heute Mussorgski-Theater für Oper und Ballett (→ S. 41) – errichtete. Auch bei dem nur wenig später entstandenen Gebäude für die Adelsgesellschaft, das seit 1921 der Philharmonischen Gesellschaft gehört, wurden die Entwürfe berücksichtigt.

Im für seine Akustik berühmten Großen Saal der Adelsgesellschaft wurden viele Werke Glinkas, Tschaikowskys, Rimski-Korssakows und Rachmaninows uraufgeführt. Vor allem aber – unvergesslich für alle Menschen, die die Blockade im Zweiten Weltkrieg überlebt haben – wurde hier Schostakowitschs berühmte

Der von Carlo Rossi geschaffene Petersburger Schlossplatz – früher Schauplatz der großen kommunistischen Mai- und Oktober-Kundgebungen – dient heute vor allem dem privaten Vergnügen.

7. Sinfonie 1942 uraufgeführt und über den Rundfunk in die gesamte Sowjetunion übertragen. Der Komponist hatte die eingeschlossene Stadt nicht verlassen wollen und in acht Monaten dieses bewegende Werk geschrieben. Die Philharmonie trägt heute seinen Namen.

пл. Искусств **(pl. Iskusstw); Metro: Newskij Prospekt (c 3)**

Rossi-Straße (Uliza Rossi)

→ S. 120, C 18–19

Direkt hinter dem Puschkin-Dramentheater am Ostrowski-Platz beginnt die in Petersburg einzigartige Rossi-Straße. Die Straße, die anfänglich Theaterstraße hieß und erst 1923 den Namen ihres Schöpfers erhielt, ist so lang wie die sie flankierenden spiegelgleichen Gebäude: 220 m. Die Breite der Straße entspricht exakt der Höhe der Bauten – jeweils 22 m –, die Rossi von 1828 bis 1834 für das Ministerium für Volksbildung und die Theaterverwaltung schuf. In den Gebäuden sind heute das städtische Institut für Architektur und Stadtplanung sowie die größte Theaterbibliothek Russlands und die weltberühmte Waganowa-Ballettschule untergebracht.

Die Rossi-Straße endet am ebenfalls von Rossi geschaffenen Lomonossow-Platz mit der Büste des Universalgelehrten. Von hier aus führt die älteste Steinbrücke Petersburgs, die Lomonossow-Brücke (1787 erbaut), über die Fontanka.

Metro: Gostinyj Dwor (c 3)

Schlossplatz (Dworzowaja ploschtschad)

→ S. 119, F 14

Von dem genialen Stadtplaner Rossi stammt auch der Entwurf des Schlossplatzes, eines der schönsten Plätze der Welt. Anfang des 19. Jh. befanden sich südlich des 1762 vollendeten Winterpalais planlos entstandene Holzbauten. Nach dem Sieg über Napoleons Truppen und dessen Rückzug aus Russland ließ Alexander I. diese Gebäude abreißen und beauftragte 1819 Carlo Rossi mit der Neugestaltung des Platzes.

Das **Winterpalais**, das der Florentiner Architekt Bartolomeo Rastrelli von 1754 bis 1762 im Auftrag Elisabeths I. errichtete, war der vierte Palast, der an dieser Stelle gebaut wurde. Rastrellis in Zartgrün, Weiß und Gold gehaltenes Spitzenwerk des russischen Barock diente bis zur Ermordung von Nikolai II. 1917 als Hauptresidenz der Zaren. Heute beherbergt das Winterpalais die **Eremitage**, eine der größten Sammlungen an bildender Kunst und Antiquitäten in der Welt (→ S. 69).

Rossi setzte dem prunkvollen barocken Winterpalais im Süden des Platzes die klassizistische bogenförmige, 580 m lange Fassade des **Generalstabsgebäudes** entgegen. In den Bau zog 1829 außer dem Generalstab der russischen Armee auch das Außenministerium ein. Das Gebäude teilt ein doppelter Triumphbogen zum Gedenken an den Sieg Russlands über das napoleonische Frankreich. Er bildete die Paradeeinfahrt vom Newskij Prospekt zum Schlossplatz. Der dem Platz zugewandte Bogen trägt eine 16 t schwere Skulptur der geflügelten Siegesgöttin in einem sechsspännigen Kampfwagen.

Über eine bemerkenswerte Statik verfügt auch die 1834 errichtete **Alexander-Säule** von Auguste de Montferrand, dem Erbauer der Isaaks-Kathedrale. Die 650 t schwere Siegessäule aus rosa karelischem Granit, die höchste ihrer Art (47,5 m), steht ohne Verankerung auf ihrem Bronzesockel. Ihre Spitze krönt ein Engel, der die Züge Alexanders I., des Bezwingers Napoleons, tragen soll. Im Osten begrenzt den Schlossplatz das **Stabsgebäude der Garderegimenter**, das der russische Architekt Alexander Brjullow, ein Bruder des bekannten Malers, 1840 vollendete. In die Annalen der Weltgeschichte gelangte der Schlossplatz 1917, als bolschewistische Aufständische das Winterpalais stürmten und die Macht in Russland ergriffen.

Дворцовая пл. **(Dworzowaja pl.); Metro: Newskij Prospekt (c 3), alle Busse außer 5, 22**

Senatsplatz (Senatskaja ploschtschad)

→ S. 119, D/E 14

Der Name dieses Platzes direkt an der Newa, den im Osten die Admiralität, im Süden die Isaaks-Kathedrale und im Westen die Senats- und Synodsgebäude begrenzen, erinnert an den Aufstand adliger Gardeoffiziere, die im Dezember (russisch: dekabr) 1825 dem neuen Zaren Nikolai I. den Eid verweigerten und stattdessen die Abschaffung der Monarchie und der Leibeigenschaft sowie die Einberufung einer verfassungsgebenden Versammlung forderten. Der Aufstand wurde blutig niedergeschlagen, seine Anführer hingerichtet oder nach Sibirien verbannt.

Seit 1782 schmückt den Platz das berühmteste Denkmal Peters des Großen, der später nach einem Gedicht Alexander Puschkins so genannte **Eherne Reiter**. Von dem bedeutenden französischen Bildhauer E.M. Falconet geschaffen, ist die eindrucksvolle Skulptur gleichwohl ein Gemeinschaftswerk. Den Kopf modellierte Falconets Schülerin Marie Collot, die Schlange zu Füßen des sich aufbäumenden Rosses, die die zahlreichen Feinde Peters symbolisiert, schuf der russische Bildhauer F. Gordejew.

Bemerkenswert ist auch der Sockel des Standbilds, ein 1600 t schwerer Granit Monolith in Form einer Meereswoge. Der Transport des gigantischen Steins aus den karelischen Wäldern nahe Petersburg dauerte zwei Jahre. Den Sockel ziert in Lateinisch und Russisch eine knappe Widmung der Stifterin: »Peter dem Ersten, Katharina die Zweite, 1782«.

Die ganze westliche Seite des Dekabristenplatzes nehmen die gelb-

Fjodor M. Dostojewski – sein Grabmal befindet sich auf dem Friedhof des Newski-Klosters – hatte ein eher zwiespältiges Verhältnis zu seiner Heimatstadt St. Petersburg.

weißen, durch einen Triumphbogen verbundenen **Gebäude des Senats und des Heiligen Synods** ein. Beim Senat lag seit den Reformen Peters I. die höchste Regierungsgewalt in Russland, beim Heiligen Synod hingegen die Leitung der russisch-orthodoxen Kirche. Das von Carlo Rossi entworfene Doppelgebäude, das 1834 fertig gestellt wurde, versinnbildlicht die Einheit von weltlicher und geistlicher Macht. Seit 1955 ist in den Räumlichkeiten das Zentrale Staatliche Historische Archiv der UdSSR, nun Russlands, untergebracht.
Сенатская пл. **(Senatskaja pe.); Metro: Newskij Prospekt (c 3), Busse 5, 22**

Smolnyj-Institut (Smolnyj institut)

····› S. 117, E 11

Bis zum gescheiterten kommunistischen Putsch im August 1991 gegen Präsident Gorbatschow wehte über dem Smolnyj-Institut, damals Sitz des Leningrader Stadt- und Gebietsparteienkomitees, die Rote Fahne.

Das Smolnyj-Institut ist eng mit der Revolution von 1917 verbunden. Von hier aus leitete Lenin den bewaffneten Aufstand, hier wurde die kommunistische Machtergreifung proklamiert, und bis zur Übersiedlung nach Moskau im März 1918 war das Institut Sitz der ersten Sowjetregierung.
Gebaut von dem berühmten italienischen Architekten Quarenghi, war das Smolnyj-Institut 1808 als Internat für höhere Töchter errichtet worden, und das blieb es auch, bis es im Februar 1917 in den Ruf einer »anarchistischen Lehranstalt« geriet und geschlossen wurde.
пр. Растрелли **(pl. Rastrelli); Metro: Tschernyschewskaja (d 3), Busse 134, 46**

Smolnyj-Kloster (Smolnyj monastyr)

····› S. 117, D/E 10–11

Neben dem Winterpalais gilt die fünfkuppelige blau-weiße Auferstehungs-Kathedrale des Smolnyj-Klos-

ters als schönstes Bauwerk des Barockarchitekten Bartolomeo Rastrelli. Der Name des Klosters erinnert daran, dass hier in den Gründerjahren der Stadt der Teer (smola) für die Schiffe der Petersburger Werft gegossen wurde. Elisabeth I. hatte 1748 den Bau des Klosters in Auftrag gegeben, doch die Zarin starb vor seiner Vollendung, und auch Rastrelli brach 1764 die Bauarbeiten ab, als er unter Katharina II. Russland verlassen musste.

Katharina ließ in der Anlage die von ihr gegründete erste Schule für Frauen in Russland unterbringen, ein Pensionat für die Töchter des russischen Adels, das später in das Smolnyj-Institut umzog. Kathedrale und Klostertrakte wurden dann erst 1832 bis 1835 von dem russischen Architekten Wassili Stassow fertig gestellt, wobei die prunkvolle Barockkirche einen streng klassizistischen Innenraum erhielt.

Nonnen zogen hier letztlich niemals ein, aber in der Kathedrale, später Kirche der Petersburger Lehranstalten, wurden noch in den Zwanzigerjahren Gottesdienste gefeiert. Heute wird sie als Konzertsaal und für Ausstellungen genutzt. Von der Kuppel bietet sich ein wunderbarer Blick auf die Klosteranlage und die Stadt. Die Klostertrakte beherbergen heute städtische Ämter und andere Institutionen.

пл. Растрелли **(pl. Rastrelli); Metro: Tschernyschewskaja (d 3), Busse 134, 46; Kathedrale und Ausstellungen tgl. außer Do 11–18 Uhr, Kasse bis 17.15 Uhr, bei Konzerten bis 16 Uhr; Konzerte: 12, 18 und 20 Uhr; Programme an der Kathedrale**

Das Smolnyj-Kloster entstand zwischen 1748 und 1835. Außen eine der schönsten Barockkirchen von St. Petersburg, ist der Innenraum hingegen klassizistisch gestaltet.

Sommergarten und -palast
(Letnij sad) S. 114, C 7–8

Der Sommergarten Peters I. ist der älteste Park der Stadt und der schönste. Allerdings sollte man ihn im Sommer besuchen, denn im Winter werden die kostbaren Marmorskulpturen verpackt. Ursprünglich erstreckte sich der Garten bis zum Newskij Prospekt. Als Peter ihn 1704 von seinem Chefarchitekten Trezzini als Barockgarten an der Newa anlegen ließ, schmückten ihn 50 Fontänen. Ende des 18. Jh. zerstörte Hochwasser die gesamte Anlage. Heute begrenzen den Sommergarten Fontanka, Mojka und Schwanenkanal. Die Fontänen, die man nach der Überschwemmung mit Erde bedeckt hatte, werden jetzt restauriert. Sehenswert sind das schmiedeeiserne Gitter des Haupteingangs an der Newaseite mit vergoldeten Rosetten und Spitzen und Säulen aus rosa Granit, das 1784 nach Entwürfen des Architekten Juri Veldten errichtet wurde, sowie ein Denkmal des berühmten Fabeldichters Iwan Andrejewitsch Krylow (1768–1844) von Klodt von Jürgensburg aus dem Jahr 1855.

Unbedingt eine Besichtigung wert ist der **Sommerpalast** nahe dem Newa-Ufer. Er stammt noch aus der Zeit Peters I. und war einer der ersten Steinbauten Petersburgs. Trezzini errichtete diese Sommerresidenz des Zaren 1710 bis 1714 mit Blick auf die Peter-und-Paul-Festung. Der Berliner Hofbildhauer Andreas Schlüter schuf dann wohl den Fassadenschmuck.

Die Atmosphäre in dem schlichten zweistöckigen Bau ist einzigartig. Liebevoll hat man versucht, die Möblierung in den Zarengemächern im Untergeschoss und den Frauengemächern im Obergeschoss zu rekonstruieren. Einige Originalmöbel und Teile des originalen Interieurs wie Delfter Kachelöfen und Wandkachelungen sind erhalten geblieben

Entstanden zwischen 1710 und 1714, ist der Sommerpalast, Residenz Peters des Großen, das älteste Steingebäude der Stadt. Verglichen mit den Palästen seiner Nachfolger, wirkt es recht bescheiden.

und geben wie die technischen Apparaturen aus Peters persönlichem Besitz einen intimen Einblick in die vielfältigen Interessen des Zaren und in seinen Lebensstil.

Наб. Кутузова/ул. Пестеля **(Eingänge: Nab Kutusowa/ul. Pestelja); Metro: Gostinyj Dwor (c 3), Straßenbahnen 2, 3; Sommergarten tgl. 8–22 Uhr, im Winter bis 20 Uhr (1.–30.4. geschl.); Sommerpalast tgl. außer Di und letzter Mo des Monats 11–18.30 Uhr (10.11.–1.5. geschl.)**

Strelka (Strelka)

S. 113, E 3–4

Die Ostspitze der Wassili-Insel, von den Petersburgern »Strelka« (Zünglein) genannt, teilt die Newa in die Große und Kleine Newa. Mit dem monumentalen klassizistischen Bau der ehemaligen **Börse** (vollendet 1810 von de Thomon und Sacharow) und dem kunstvoll angelegten Börsenplatz (Birschewaja Pl.) mit den malerischen dunkelroten **Rostra-Säulen** gehört die Strelka zu den beliebtesten Sehenswürdigkeiten Petersburgs. Allein schon wegen des wunderbaren Blicks, den sie auf das Winterpalais, die Türme und Kuppeln der Großen Seite, aber auch auf die Peter-und-Paul-Festung bietet, ist ein Besuch der Strelka ein Muss.

Die nach römischem Vorbild mit Schiffsschnäbeln geschmückten 34 m hohen Rostra-Säulen wurden 1810 zum Ruhm der russischen Flotte errichtet. Die Skulpturen an den Sockeln sind Allegorien der Flüsse Newa und Wolga, Dnjepr und Wolchow. Früher dienten die Rostra-Säulen als Leuchttürme, heute werden die Gasflammen auf ihren Spitzen nur zu besonders feierlichen Gelegenheiten entzündet.

Seit 1939 beherbergt die Börse das **Zentrale Museum der Kriegsmarine** (→ S. 71), das früher in der Admiralität seinen Sitz hatte. In den beiden klassizistischen Bauten, die sich an beiden Seiten der Börse erstrecken, sind jetzt das **Zoologische Museum** (→ S. 43) und das **Museum für Bodenkunde** untergebracht. Geht man die Admirala-Makarowa-Uferstraße ein Stück hinauf, so erreicht man das 1832 errichtete ehemalige Zollamt, seit 1927 Institut für russische Literatur.

Биршевая пл. **(Birschewaja pl., früher Puschkinskaja Pl.); Metro: Newskij Prospekt (c 3), Busse 1, 7**

Stroganow-Palais (Stroganowskij dworez)

S. 120, A 17

→ S. 74

Troizki-Brücke (Troizkij most)

S. 114, B 6–7

Zum 200. Stadtjubiläum von Petersburg im Jahr 1903 wurde diese Brücke mit Jugendstildekor als Verbindung von Petrograder Seite und Zentrum eingeweiht. Sie gehört zu den prachtvollsten Brücken der Stadt. Wie die Schlossbrücke wird sie nachts für die Schiffe geöffnet.

Каменноостровский пр. **(Kamennoostrowskij pr.); Metro: Gorkowskaja (c3)**

Winterpalais (Simnij dworez)

S. 113, F 4

→ Eremitage, S. 69
→ Schlossplatz, S. 60

Wolkow-Friedhof (Wolkow kladbische)

S. 121, südl. E 20

Der schönste Petersburger Friedhof ist der schon 1756 angelegte Wolkow-Friedhof, der zum Städtischen Museum für Skulpturen gehört. Auf einer Tafel an der linken Seite der ehemaligen Friedhofskirche ist jede Grabstätte verzeichnet. Hier ruhen die großen Literaten Turgenjew und Gontscharow, Alexander Blok und Olga Berggolz, aber auch die Mutter und zwei Schwestern Lenins.

Растанная ул. 30 **(Rastannaja ul. 30); Metro: Pl. Wosstanija (d 3–4) dann Tram 25; tgl. außer Do 11–17 Uhr, im Winter bis 17 Uhr**

Museen und Galerien

Antike Kunst und Zeitgenössisches – die Bandbreite der Museen begeistert viele Besucher.

Die »Jordan-Treppe« führt zu den Prunksälen des Winterpalais, dem Hauptgebäude der Eremitage.

St. Petersburg besitzt zurzeit über 50 Museen. Außer den weltweit renommierten Kunstmuseen wie der **Eremitage** und dem **Russischen Museum**, die unbedingt besucht werden sollten, findet der Gast auch historische Museen, die sich speziellen Wissenschaften oder Forschungszweigen widmen, wie das in der Welt einzigartige **Arktis-Antarktis-Museum**, die Kunstkammer Peters des Großen und die beliebten Wohnungsmuseen berühmter Dichter und Musiker.

Führungen sind bei fast allen Museen zu empfehlen, weil die Exponate überwiegend nur kyrillisch erläutert sind oder Kataloge fehlen.

Die Eintrittspreise sind für einheimische Besucher außerordentlich niedrig; dagegen zahlen ausländische Touristen oft das 10fache und mehr. In den großen Museen zahlt man zwischen 3 und 10 € Eintritt. Fotografieren und Filmen ist nur mit Extra-Bezahlung erlaubt. Beachten Sie bitte: Kassenschluss ist jeweils eine Stunde vor dem Ende der Öffnungszeit. Infos über die Museen im Internet: www.museum.ru

MERIAN-Tipp

7 Arktis-Antarktis-Museum Musej Arktiki i Antarktiki

Das einzige Museum seiner Art in der Welt. Der gelbweiße, merkwürdig verschachtelte klassizistische Bau war früher eine Kirche und entstand 1820 bis 1838. 1934 wurde er zum Museum. Gezeigt werden Objekte zur Geschichte der Arktis- und Antarktisforschung, ein Überblick über Fauna und Flora, Schiffsmodelle, Schaubilder von Expeditionen sowie eine Dokumentation über die Polarvölker.

ул. Марата 24а (ul. Marata 24a); Metro: Wladimirskaja (c 4); tgl. außer Mo und Di 10–17 Uhr → S. 121, E 19

Museen

Achmatowa-Museum (Musej Anny Achmatowoj)

→ S. 121, D 17

Die größte Dichterin der Stadt, Anna Achmatowa, lebte nach der Revolution viele Jahre in einem Seitenflügel des Scheremetjew-Palast. Anhand von Fotos und Dokumenten kann man etwas über ihr Leben erfahren. Hier finden auch oft Lesungen und Konzerte statt.

Eingang: Литейный пр. 53 (Litejnyj pr. 53, 2. Hof); Di-So 10.30-17.30 Uhr, Metro: Majakowskaja/Pl. Wosstanija (d 3)

Brotmuseum (Musej chleba)

→ S. 121, F 19

Wer das Originelle liebt, dem wird das St. Petersburger Brotmuseum gefallen. Bereits 1988 gegründet, aber erst 1993 in den Stand eines staatlich anerkannten Museums erhoben, will es die Geschichte des Brotes, aber auch Ess- und Tischsitten in Russland dokumentieren.

Лиговский пр. 73 (Ligowskij pr. 73); Metro: Pl. Wosstanija (d 3-4); tgl. außer Sa und So 12–18 Uhr

Dostojewski-Museum (Musej F.M. Dostojewskowo)

→ S. 121, E 19

Dieses Wohnungsmuseum sollten Sie unbedingt besuchen und dabei auch durch die Kusnetschnyj-Gasse nahe dem schönsten Markt Petersburgs bummeln. Dostojewski verbrachte hier die letzten drei Jahre seines Lebens mit der Arbeit an dem Roman »Die Brüder Karamasow«. Im Museum kann man in einen deutschsprachigen Museumsführer Einblick nehmen oder, nach telefonischer Vorbestellung, an einer deutschsprachigen Führung teilnehmen.

Кузнечный пер. 5/2 (Kusnetschnyj per. 5/2); Metro: Wladimirskaja (c 4); tgl. außer Mo und letzter Mi des Monats 10.30–18 Uhr

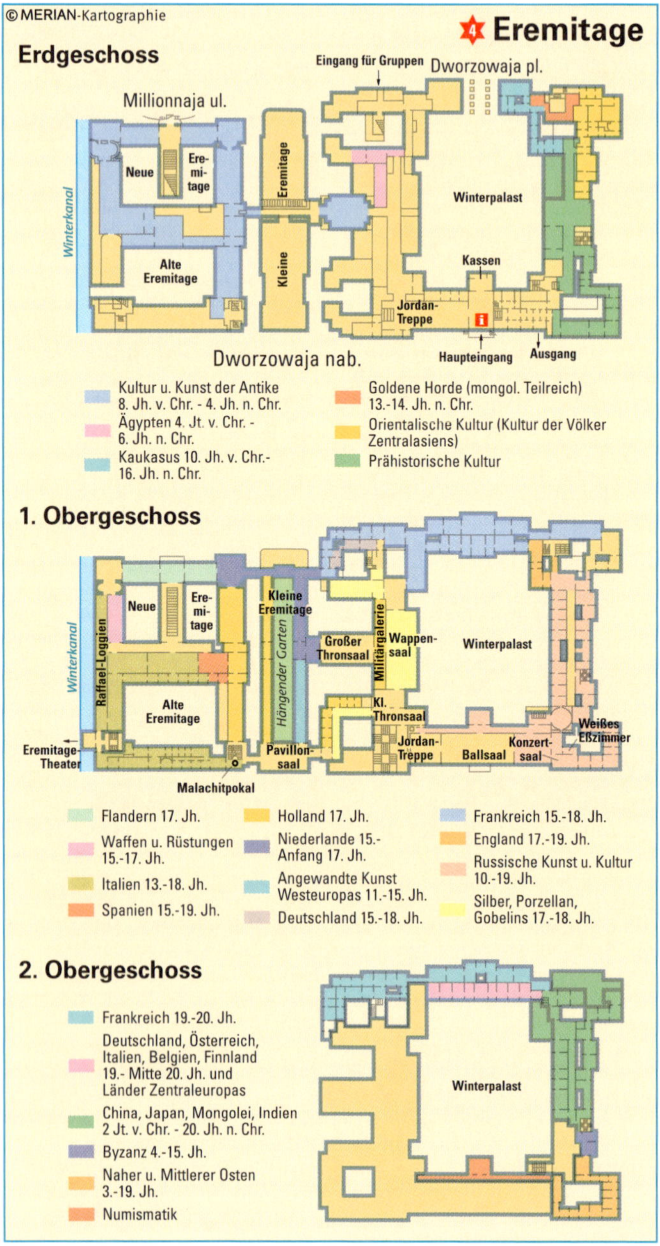
©MERIAN-Kartographie
4 Eremitage
Erdgeschoss
Eingang für Gruppen
Dworzowaja pl.
Millionnaja ul.
Winterkanal
Neue
Eremitage
Eremitage
Winterpalast
Alte Eremitage
Kleine
Kassen
Jordan-Treppe
Dworzowaja nab.
Haupteingang
Ausgang
Kultur u. Kunst der Antike 8. Jh. v. Chr. - 4. Jh. n. Chr.
Ägypten 4. Jt. v. Chr. - 6. Jh. n. Chr.
Kaukasus 10. Jh. v. Chr.- 16. Jh. n. Chr.
Goldene Horde (mongol. Teilreich) 13.-14. Jh. n. Chr.
Orientalische Kultur (Kultur der Völker Zentralasiens)
Prähistorische Kultur
1. Obergeschoss
Winterkanal
Raffael-Loggien
Neue
Eremitage
Kleine Eremitage
Hängender Garten
Großer Thronsaal
Militärgalerie
Wappensaal
Winterpalast
Alte Eremitage
Kl. Thronsaal
Weißes Eßzimmer
Eremitage-Theater
Pavillonsaal
Jordan-Treppe
Ballsaal
Konzertsaal
Malachitpokal
Flandern 17. Jh.
Waffen u. Rüstungen 15.-17. Jh.
Italien 13.-18. Jh.
Spanien 15.-19. Jh.
Holland 17. Jh.
Niederlande 15.- Anfang 17. Jh.
Angewandte Kunst Westeuropas 11.-15. Jh.
Deutschland 15.-18. Jh.
Frankreich 15.-18. Jh.
England 17.-19. Jh.
Russische Kunst u. Kultur 10.-19. Jh.
Silber, Porzellan, Gobelins 17.-18. Jh.
2. Obergeschoss
Frankreich 19.-20. Jh.
Deutschland, Österreich, Italien, Belgien, Finnland 19.- Mitte 20. Jh. und Länder Zentraleuropas
China, Japan, Mongolei, Indien 2 Jt. v. Chr. - 20. Jh. n. Chr.
Byzanz 4.-15. Jh.
Naher u. Mittlerer Osten 3.-19. Jh.
Numismatik
Winterpalast

Die prachtvollen Räumlichkeiten der Eremitage bilden einen angemessenen Rahmen für die Präsentation der Kunstschätze.

Eremitage (Ermitasch) → S. 113, F 4

4 Wer das größte Museum Russlands wirklich anschauen wollte, der brauchte dazu wohl Monate. Es beherbergt rund 2,7 Mio. Exponate, von der Kunst und Kultur der Skythen, der »Taurischen Venus« und anderen römischen Plastiken über die Ägyptische Sammlung und Beispiele der chinesischen Kunst bis zu der atemberaubenden Sammlung westeuropäischer Kunst aus sieben Jahrhunderten mit allein 35 Werken Rembrandts (1. und 2. Obergeschoss der Eremitage, Säle 206–359).

Das Hauptgebäude des riesigen Museums bildet die Zarenresidenz, das **Winterpalais**. Seinen Namen verdankt das Museum der so genannten **Kleinen Eremitage**, einer Art Pavillon, der – so entsprach es der Mode in Europa – für kleine intime Essen genutzt wurde. Dieser Bau im Stil des frühen Klassizismus war ein Gemeinschaftswerk des französischen Architekten Vallin de la Mothe und des russischen Baumeisters Veldten und wurde 1775 vollendet. Katharina II., seit 1762 Zarin, ließ die Räume mit Gemälden schmücken.

Seit Peter dem Großen hatten die russischen Herrscher Kunst gekauft, aber erst Katharina betrieb dies wirklich in großem Stil, indem sie in ganz Europa Nachlässe ersteigern ließ und ganze Sammlungen erwarb. Als die Zarin 1796 starb, führte die Inventarliste bereits knapp 4000 Gemälde auf.

Die **Alte Eremitage** (fertig gestellt von Jurij Veldten 1787) wurde bereits ausschließlich für die rasch anwachsende Sammlung errichtet. Erst Mitte des 19. Jh. kam die **Neue Eremitage** hinzu, gebaut vom deutschen Architekten Leo von Klenze. Ihre Hauptfassade fällt durch den Portikus mit zehn gewaltigen Atlantenfiguren des russischen Bildhauers Terebenjew auf. Das ältere **Eremitage-Theater**, das den Museumskomplex abschließt, wurde von den Zaren hauptsächlich als Privattheater genutzt. Heute finden dort Tagungen statt, in einem Teil der Räume werden wechselnde Ausstellungen gezeigt.

Der Haupteingang der Eremitage liegt am Ufer der Newa und führt über die im Originalzustand des Rastrelli-Entwurfes erhaltene »Gesandten«- oder »Jordan«-Treppe. Im ersten Obergeschoss befinden sich die Prunksäle der Zaren, die im Lauf der Zeit mehrmals umgestaltet worden sind, vor allem nach einem Brand im

Jahr 1837. Besonders bemerkenswert sind der Thronsaal Peters des Großen (1833 von Montferrand gestaltet), die Militärgalerie, die Rossi 1826 zum Gedenken an den Sieg über Napoleon schuf, der Große Thronsaal aus weißem Carrara-Marmor und vergoldeter Bronze und der 1829 von A. Brjullow entworfene Malachitsaal, der mit diesem vor allem in Russland vorkommenden grünschwarzen Halbedelstein ausgeschmückt ist.

Nikolai I. öffnete die Gemäldegalerie der Zaren 1852 zunächst nur für privilegierte Besucher. Erst 1922 wurden die Sammlung und das Winterpalais der breiten Öffentlichkeit zugänglich. Nach der Revolution kamen zu den Beständen die enteigneten Schätze aus den Häusern des Adels und die Sammlungen reicher Moskauer Bürger hinzu. Insbesondere erhielt die Eremitage Teile der großartigen Sammlungen Schtschukin und Morosow mit Spitzenwerken der französischen Kunst vom Anfang des 20. Jh., darunter elf Werke von Cézanne, 35 von Matisse und 36 von Picasso.

Wer die Eremitage zum ersten Mal besucht, sollte sich einer Führung anschließen. Im Zuge einer Gesamtrestaurierung des Museums, die bis in das Jahr 2005 hinein dauert, wurden einzelne Abteilungen vorübergehend geschlossen. In Zukunft wird die Eremitage auch die Hälfte der Räumlichkeiten des Generalstabsgebäudes am Schlossplatz zusätzlich nutzen können.

Дворцовая наб. 32–36 (Dworzowaja nab. 32–36); www.hermitage.ru; Metro: Newskij Prospekt (c 3); tgl. außer Mo 10.30–18 Uhr, So 9.30–17 Uhr; Eintritt 10 €

Ethnografisches Museum (Museum Rossijskij etnografitscheskij musej)

····› S. 120, C 17

Im Seitenflügel des Michael-Palastes, in dem sich auch das Russische Museum befindet, ist das Ethnografische Museum untergebracht. Es bietet einen Überblick über die Bevölkerung und Kultur Russlands und der ehemaligen Sowjetunion.

Инженерная ул. 4/1, (Inschenernaja ul. 4/1); Metro: Newskij Prospekt; Di-So 10–17 Uhr, außer letzter Fr im Monat

Russlands Geschichte: Das Ethnografische Museum dokumentiert mit über einer halben Million Ausstellungsstücken auch die Zeit der UdSSR.

Einst war in dem Gebäude die Börse untergebracht. Seit 1939 zeigt hier das Marinemuseum mit Schiffsmodellen und Uniformen die Geschichte der russischen Seefahrt.

Isaak-Brodski-Museum (Musej-kwartira I. Brodskowo)

⋯› S. 120, B 17

Der Maler Isaak Brodski (1883–1939) – nicht verwandt mit Joseph Brodski – lebte die letzten 15 Jahre seines Lebens in dieser Wohnung. Vor der Revolution war er schon ein bekannter Künstler, der sich dann an die neue Zeit anpasste. Doch das Interessante an diesem Museum ist seine Sammlung von Malern wie Benois, Repin, Roerich und Bakst.

пл. Искусств **3, (pl. Iskusstw 3); Metro: Newskij Prospekt; tgl. 11–18 außer Mo, Di**

Jussupow-Palais (Jussupowskij dworez)

⋯› S. 119, D 15

Der prachtvolle gelbe Palast an der Mojka aus dem 18. Jh. war bis zur Revolution der Familiensitz der Jussupows. Sie gehörten zu den reichsten Familien Russlands. Im Dezember 1916 erlangte der Ort historischen Ruhm, denn Felix Jussupow ermordete zusammen mit einigen Freunden den Wunderheiler Rasputin, weil sie seinen Einfluss auf die Zarin als gefährlich ansahen. Heute kann man die Paraderäume besichtigen und den Keller, in dem das Komplott stattfand. Hier sind die Akteure (Jussupow und Rasputin) als Wachsfiguren abgebildet. In einzelnen Sälen und dem reizenden Haustheater finden Theateraufführungen, Konzerte und Bälle statt.

наб. Реки Мойки **94, (nab. Reki Mojki 94); Busse 5, 22; tgl. 11–16 Uhr**

Kriegsmarine-Museum (Zentralnyj wojenno-morskoj musej)

⋯› S. 113, E 4

Wer sich für Schiffe interessiert, sollte in die alte Börse gehen, die seit 1939 Kriegsmarine-Museum ist. Die umfangreiche Sammlung dokumentiert die Entwicklung der russischen Flotte. Auch das kleine Boot, auf dem Peter der Große segeln lernte, steht in der Ausstellung.

Биржевая пл. **4, (Birschewaja pl. 4); Bus 1,7; Mi–So 11–18 Uhr, außer letzten Do im Monat**

Im Museum für die politische Geschichte Russlands ist auch der Schreibtisch Lenins ausgestellt.

Kunstkammer (Kunstkamera) → S. 113, E 4

Peter der Große interessierte sich für Raritäten und Kuriositäten, die er auf seinen Auslandsreisen erwarb und seit 1727 in seiner »Kunstkammer« ausstellte. Heute sind in dem Barockbau das Museum für Anthropologie und Ethnografie (→ S. 43) und das Lomonossow-Museum untergebracht.

Университетская наб. 3 (Uniwersitetskaja nab. 3; www.kunstkamera.ru; Busse 1, 7; tgl. außer Do 11–17 Uhr

Menschikow-Palais (Menschikowskij dworez) → S. 119, D 13

Das gelb-weiße Gebäude steht stolz am Ufer der Newa. Seinerzeit galt der Palast, der erste Steinbau seiner Art, als prächtigster am Ort. Menschikow, von einfachster Herkunft, war rasch vom Diener und Jugendgefährten Peters I. zum Reichsfürsten und zu einem der reichsten Männer Russlands aufgestiegen. Seit 1981 ist das Palais eine Zweigstelle der Eremitage (Museum der Kultur der petrinischen Zeit) und deswegen auch aus ihren erstklassigen Beständen eingerichtet. Ein Besuch lohnt sich unbedingt, weil das Haus nach vielen Umbauten nun annähernd wieder so aussieht wie bei seiner Vollendung 1720 und die sehr gelungene Ausstattung der 30 Säle eine lebhafte Vorstellung von den Lebensformen des frühen 18. Jh. vermittelt. Auf telefonische Vorbestellung wird eine deutschsprachige Führung organisiert.

Университетская наб. 15 (Uniwersitetskaja nab. 15); Bus 1,7,10; tgl. außer Mo 10.30–16.30 Uhr

Museum der Russischen Literatur (Puschkinhaus) (Musej Puschkinskij dom') → S. 113, D 3

In dem alten Zollgebäude auf der Wassili-Insel befindet sich das Institut für Russische Literatur. In einem kleinen Museum werden die Lebensläufe verschiedener russischer Dichter dokumentiert. Der Petersburger Schriftsteller Andrei Bitow setzte in seinem Roman »Das Puschkinhaus« dem Institut ein Denkmal.

наб. Макарова 4 (nab. Makarowa 4), Bus 1, 7; Mi–So 10–17 Uhr

Museum für die politische Geschichte Russlands (Musej polititscheskoj istorii Rossii)
→ S. 114, A/B 5

Das frühere Museum der Großen Oktoberrevolution heißt seit 1992 Museum für die politische Geschichte Russlands des 19. und 20. Jh. Sehenswert ist vor allem die 1902 erbaute Jugendstilvilla der Ballerina Matilda Kschessinskaja, in der das Museum untergebracht ist.

ул. Куйбышева **4 (ul. Kujbyschewa 4); Metro: Gorkowskaja (c 3), tgl. 10–18 Uhr außer Do**

Nabokov-Museum (W. W. Nabokowa) → S. 119, E 14

Der Schlüssel zu Vladimir Nabokovs Werk liegt in Petersburg, wenn er auch durch die Oktoberrevolution als junger Mann für immer von dort vertrieben wurde. Im Haus der Familie, wo er eine glückliche Kindheit verlebte, kann man sich durch Bilder und Dokumente über das Leben des Schriftstellers informieren und den Geist des Hauses atmen, das er in seiner Biografie »Erinnerung, sprich« so wunderbar beschrieb.

Большая Морская ул. **47 (Bolschaja Morskaja ul. 47), Busse 5,22, Di–So 11–18 Uhr**

Puschkin-Wohnmuseum (Wserossijskij musej A. S. Puschkina) → S. 114, A 8

Für einen Russen ist ein Besuch dieses Museums ein unbedingtes Muss, denn Puschkin, der Begründer der modernen russischen Literatursprache, wird bis heute von der ganzen Nation verehrt. Wer das Museum besuchen möchte, sollte (vom Newskij Prospekt kommend) durch das zweite Holztor des Hauses Nr. 12 an der Mojka-Uferstraße den schönen Innenhof mit dem Puschkin-Denkmal betreten. Das erste Holztor (mit Hinweisschild) ist immer verschlossen. Puschkin starb 1837 nach einem Duell in der Bibliothek dieser Wohnung.

Das Denkmal Puschkins ziert den Platz vor dem Russischen Museum.

In dem 1925 eingerichteten Museum ist das der interessanteste Raum. Er ist mit einem Teil der persönlichen Bibliothek ausgestattet und vermittelt noch etwas von dem Geist seines früheren Besitzers. Museumsführungen in englischer, manchmal auch deutscher Sprache.

Наб. Реки Мойки **12 (Nab. Reki Mojki 12); Metro: Newskij Prospekt (c 3), tgl. außer Di und letzter Fr des Monats 10.30–17 Uhr**

Russisches Museum (Russkij musej) → S. 120, B 17

Neben der Eremitage das bedeutendste Kunstmuseum Petersburgs. Es widmet sich allerdings ausschließlich der russischen und sowjetischen Kunst und konkurriert so mit der Moskauer »Tretjakow-Galerie«, der es an Größe und Reichtum seiner Sammlungen nicht nachsteht. Untergebracht ist das Russische Museum im Michailspalais, einem der schönsten klassizistischen Gebäude St. Petersburgs. 1819 bis 1825 wurde es von Carlo Rossi für den jüngsten Bruder Zar Alexanders I., Michail Pawlowitsch, erbaut und ist bis heute weitgehend in seiner ursprünglichen Form erhalten.

Die Kunstsammlungen beginnen mit frühen Ikonen des 12. Jh., ein Sammlungsgebiet, auf dem das Russische Museum allerdings nicht mit seiner Moskauer Konkurrentin gleichziehen kann. Immerhin gehört die Ikone »Dreifaltigkeit« zu den bedeutendsten des Landes.

Seinen ganzen verschwenderischen Reichtum entfaltet das Museum in der Abteilung für russische Porträtmalerei des 17. und 18. Jh., darunter einige der bedeutendsten Porträts des Stadtgründers Peters I., z. B. von Iwan Nikitin. In den Beispielen der Historienmalcrci insbesondere des 18. Jh. kann der Besucher dann die russische Geschichte in künstlerischer Nacherzählung vor seinen Augen Revue passieren lassen. Sie erreicht ihren Höhepunkt in zahllosen Bildern über den Sieg Russlands über Napoleon.

Während die offizielle Kunst im Russland des 19. Jh. einem sterilen Akademismus unterliegt, revoltieren die »Peredwishniki«, die Wanderer, gegen diesen Stil und wenden sich unmittelbar dem Volk und seinen sozialen Problemen zu. Ihren Namen haben sie von wechselnden Ausstellungen an verschiedenen Orten. Größter Repräsentant ist Ilja Repin mit einer Auswahl seiner schönsten Werke. Im Benois-Flügel des Museums sind die Kunstwerke der russischen Avantgarde gehängt.

Инженерная ул. 2–4 **(Inschenernaja ul. 2–4); www.rusmuseum.ru; Metro: Newskij Prospekt (c 3); tgl. außer Di 10–17 Uhr, Mo nur bis 16 Uhr**

Russisches Museum – Museum Ludwig im Marmorpalais (Mramornyj dworez)

→ S. 114, B 7

1991 wurde das Marmorpalais, in dem bis dahin das Lenin-Museum untergebracht war, dem Russischen Museum angegliedert. Die Sammlung verschwand in den Magazinen wie früher die ideologisch unerwünschte Kunst. Insgesamt verfügt das Russische Museum über 24 Säle. Seit 1995 ist hier die Kollektion Peter Ludwigs ständig zu sehen, die der Aachener Industrielle und Sammler dem Russischen Museum geschenkt hat. Das Marmorpalais hatte Katharina II. 1768 für Grigori Orlow von dem Italiener Rinaldi bauen lassen.

Миллионная ул **5/1 (Millionnaja ul. 5/1); Metro: Gostinyj Dwor (c 3); tgl. außer Di und letzter Mi des Monats 10–17 Uhr, Mo bis 16 Uhr**

Stroganow-Palais (Stroganowskij dworez)

→ S. 120, A 17

Neben dem Marmorpalais fiel auch das herrliche **Stroganow-Palais** direkt am Newskij Prospekt dem Russischen Museum zu. In der Mitte des 18. Jh. wurde das Gebäude von Rastrelli, dem Erbauer des Winterpalais, für das einflussreiche Adelsgeschlecht der Stroganows errichtet.

Невский Пр. **17 (Newskij Prospekt 17); Metro: Newskij Prospekt (c 3); tgl. außer Di 10–18 Uhr, Kasse bis 16 Uhr**

Theater- und Musikmuseum (Teatraljnowo i musykaljnowo iskusstwa)

→ S. 120, C 18

In diesem Museum ist die Ausstellung »Geschichte der russischen dramatischen Kunst von den Anfängen bis zu den Fünfzigerjahren des 20. Jh.« zu sehen, auch Bühnenmodelle und Kostüme sind zu bewundern.

пл. Островского **6 (pl. Ostrowskowo 6); Metro: Gostinyj Dwor (c 3); tgl. außer Di und letzter Fr des Monats 11–18 Uhr, Mi 13–19 Uhr**

Wodka-Museum Musej wodki

→ S. 119, D 14

Kleines Privatmuseum. Beim Probieren verschiedener Wodkasorten erfährt man alles über die Geschichte des 500 Jahre alten Nationalgetränks.

Конногвардейский бл. **5 (Konnogwardejskij bl. 5); Bus 5, 22; Mo-So 11–22 Uhr**

QUALITÄT HAT IHREN PREIS.

MERIAN | live! | guide | kompass | scout | map

Beim ITB BuchAward hat MERIAN *live!* erneut den 1. Platz in der Klasse der Kompakt-Reiseführer belegt. Aktuelle Informationen, kompetente Autoren, präzises Kartenmaterial und das kompakte Format haben wie schon im Vorjahr die Experten-Jury überzeugt. Setzen auch Sie auf die Sieger! Mehr Informationen unter **WWW.MERIAN.DE**

MERIAN *live!*

Die Lust am Reisen

Spaziergänge und Ausflüge

Die für ihre einzigartigen Parkanlagen berühmte Residenz von Peterhof.

Eine Bootsfahrt durch das »Venedig des Nordens« sowie ein Ausflug zu einer der Zarenresidenzen vor der Stadt sollten selbst bei einem Kurzaufenthalt in St. Petersburg eingeplant werden.

6 Newskij Prospekt: von der Anitschkow-Brücke zum Schlossplatz

Charakteristik: Am und um den Newskij konzentrieren sich die wichtigsten Sehenswürdigkeiten in der Stadt. **Einkehrmöglichkeiten:** auf der gesamten Wegstrecke; **Dauer:** 3–4 Std.; **Länge:** 2–3 km; **Karte:** → S. 120, A 17/S. 121, D 18

Der Newskij Prospekt ist ein Mythos. Der russische Schriftsteller Nikolai Gogol hat dieser 4,5 Kilometer langen und bis zu 60 Meter breiten Hauptstraße St. Petersburgs in seiner berühmten Novelle »Newskij Prospekt« ein Denkmal gesetzt. Angelegt seit 1712 als Verbindungsstraße zwischen Admiralität und Schiffswerft und dem 1710 gegründeten Alexander-Newski-Kloster (→ S. 48), sollte ein befestigter Weg, geschlagen durch Ödland und Sümpfe, gleichzeitig auch eine Verbindung zur alten Straße nach Nowgorod und damit in das Innere Russlands schaffen (etwa auf der Höhe des heutigen Ligowskij Prospekts). Deshalb knickt der Newskij an dieser Stelle ab, denn die Bauarbeiten begannen sowohl von der Admiralität als auch vom Kloster her. 1712 erklärte Peter I. St. Petersburg zur neuen Hauptstadt Russlands und beschleunigte damit den Ausbau der Stadt. Sehr bald verlagerte sich das Zentrum auf das Festland, die Große Seite. Davon profitierte auch die neue Verbindungsstraße, zunächst Großer Perspektiver Weg genannt.

Im 19. Jahrhundert war der Newskij **das** intellektuelle Zentrum des Landes. Als die industrielle Revolution das Riesenland erreichte, wandelte sich der Prospekt zum glitzernden luxuriösen Geschäfts- und Bankenzentrum.

Anitschkow-Brücke → Jelissejew

Beginnen Sie Ihren Spaziergang an der **Anitschkow-Brücke**, die über den Fontanka-Fluss führt und wo bis in

Die »Rossbändiger« der Anitschkow-Brücke waren während der Belagerung Leningrads im Innenhof des Anitschkow-Palais vergraben und überstanden so den Zweiten Weltkrieg unbeschädigt.

das erste Drittel des 19. Jahrhunderts hinein die Stadtgrenze verlief. Von hier aus sehen Sie, dass der Newskij an seinem Anfang vom schönen Torturm der Admiralität mit seiner nadelförmigen vergoldeten Spitze und an seiner oberen Krümmung von dem 48 Meter hohen, von einem goldenen Stern gekrönten Obelisken auf dem Platz des Aufstands (Ploschtschad Wosstanija) begrenzt wird.

Bevor Sie dem Newskij in Richtung Admiralität folgen, fesselt linker Hand ein lachsrotes Gebäude den Blick: das **Palais der Fürsten Belosselski-Beloserski**, das der St. Petersburger Architekt Schtakenschneider Mitte des 19. Jahrhunderts im neobarocken Stil umbaute. Als einziges Palais trägt es einen Ölfarbenanstrich. Bis 1991 hatte hier ein Rajonkomitee der KPdSU seinen Sitz, heute beherbergt das Haus das Städtische Kulturzentrum. Im Spiegelsaal, dessen ursprüngliches Interieur erhalten ist, finden Konzerte statt.

Überqueren Sie nun die Anitschkow-Brücke; dabei können Sie die Skulpturengruppen der Rossbändiger des Petersburger Bildhauers Peter Klodt von Jürgensburg bewundern, die hier 1850 aufgestellt wurden und denen die Brücke ihre Berühmtheit verdankt. Links davon erhebt sich das von Quarenghi 1805 erbaute so genannte **Kabinett**, das zum **Anitschkow-Palais** gehört.

Jetzt erreichen Sie den Ostrowski-Platz mit dem berühmten Alexandrinskij-Theater, dem Puschkin-Dramentheater der sowjetischen Ära. Das Theater wurde 1828 von der Gemahlin Nikolais I. gegründet. Der Platz erinnert an Alexander Nikolajewitsch Ostrowski (1823–1886), den Dramatiker und Schöpfer des nationalen russischen Theaters. Unmittelbar hinter dem Theater beginnt die **Rossistraße**. Nachdem Sie das einzige erhaltene Denkmal Katharinas der Großen auf dem Platz betrachtet haben, überqueren Sie den Prospekt. Im Haus Nr. 56, in den Jahren 1903 bis 1907 erbaut, befindet sich das Komödientheater und das Delikatessengeschäft Jelissejew, das im schönsten Jugendstil ausgestattet ist.

Malaja Sadowaja ⇢ Stadt-Duma

Danach biegen Sie rechts in die Malaja Sadowaja Uliza (Малая Садовая ул.), überqueren die Italjanskaja Uliza (Италянская ул.) in Richtung auf ein baufälliges, von Rossi 1823/1824 errichtetes Portal, das zum Gebäudekomplex des **Alexander-Kadetten-Corps** gehört, und wenden sich dort nach rechts. Nun folgen Sie der Straße, bis Sie linker Hand die ehemalige **Michailowski-Manege (Winterstadion)** erreichen. Rechts von Ihnen liegt jetzt der kaum als solcher erkennbare **Manege-Platz**. Hier am Manege-Platz kann man am Kiosk »Teremok« eine kleine Pause einlegen: Bliny in allen Variationen und dazu Kwas. Ein echt russischer Imbiss!

Zurück gehen Sie denselben Weg bis zur Italjanskaja Ul., der Sie jetzt nach rechts folgen bis zur Sadowaja Ul. (Sadovaä ul.), in die Sie links einbiegen und die Sie schließlich wieder zum Newskij führt.

Auf der gegenüberliegenden Seite des Prospekts erblicken Sie jetzt die schöne frühklassizistische Fassade des **Gostinyj Dwor**, 1761 bis 1785 von Vallin de la Mothe nach Plänen von Rastrelli erbaut. Der Bau, der ein ganzes Viertel einnimmt, wurde in vielen russischen Städten kopiert. Bleiben Sie vorerst auf der rechten Seite und gehen weiter in Richtung Admiralität. Das Gebäude (Nr. 48), das Sie nun passieren, ist das berühmte Kaufhaus **Passasch**.

Werfen Sie nun einen Blick auf die etwas zurückliegende blauweiße **Armenische Kirche**. 60 Jahre war sie geschlossen und diente zuletzt als Werkstatt für Bühnenbilder. 1993 wurde sie der armenischen Gemeinde zurückgegeben, die nun die Restaurierung des 1780 von Juri Veldten vollendeten klassizistischen Baus mit privaten Spenden bestreiten muss. Sie erreichen jetzt die Michajlowskaja Uliza, der Petersburgs ältestes Hotel, das **Grand Hotel Europe**, seine prachtvoll restaurierte Hauptfassade zuwendet. Blicken Sie die Straße rechts hinunter, sehen Sie den **Platz der Künste**.

Auf der linken Seite des Newskij zieht neben dem Gostinyj Dwor ein klassizistischer Portikus die Aufmerksamkeit auf sich. Heute befindet sich dort eine Theaterkasse. Sie überqueren den Prospekt und gehen auf den roten fünfeckigen Turm zu, der sich neben dem Portikus erhebt. Er gehört zum Gebäude der ehemaligen St. Petersburger **Stadt-Duma**, das sich anschließt. Ursprünglich war der von Quarenghi 1787 fertig gestellte Bau, der bis heute unter seinem alten Namen »Silberne Reihen« bekannt ist, als eine Art Gildehaus der Edelmetall-Händler errichtet worden (Nr. 31–33), seit 1799 fungierte das Gebäude als Rathaus.

Der Turm entstand 1804 und diente zugleich als Wachturm, von dem aus die Bevölkerung vor Bränden oder nahender Sturmflut gewarnt wurde. Wieder auf dem Newskij kann man linkerhand die Auslagen des Juweliers Ananov bewundern!

Katharinenkirche ⇢ Schlossplatz

Vom Vollender des Gostinyj Dwor, Vallin de la Mothe, gebaut ist die katholische Katharinenkirche, die Sie jetzt auf der anderen Seite des Newskij Prospekt sehen. Das 1783 geweihte Gotteshaus, in dem sich das Grab des letzten polnischen Königs befindet, ist 1992 den Dominikanern übergeben worden. Das übernächste blassblaue Gebäude, ebenfalls auf der rechten Seite des Prospekts (Nr. 30), stammt von Rastrelli. Bereits im 19. Jahrhundert stand das Haus im Mittelpunkt des regen Petersburger Musiklebens. Liszt und Berlioz, Glinka und Wagner gastierten hier. Seit 1949 beherbergt der Bau den Kleinen Saal der Philharmonie.

Im leuchtenden Rot strahlt der 1848 erbaute, neobarocke Belosselski-Beloserki-Palast. Gelegentlich finden hier Konzerte statt.

Heftig umstritten schon während seines Baus 1902 bis 1904 war das wuchtige granitverkleidete **Singerhaus** (Nr. 28). Ursprünglich war das Haus sehr viel höher geplant, doch nach den Bauvorschriften durfte kein Gebäude die Höhe des Winterpalastes überschreiten. Die Firma unterlief das Verbot, indem sie dem gläsernen Eckturm eine Weltkugel aufsetzen ließ. Heute ist auf einem Metallstreifen um den Globus die Aufschrift Dom Knigi (Haus des Buches) zu lesen, in dem Gebäude ist die größte Buchhandlung der Stadt untergebracht.

Sie haben sich nun auf der linken Seite des Newskij der **Kasaner Kathedrale** und dem Gribojedow-Kanal genähert. Rechts in einiger Entfernung sehen Sie die farbenprächtige **Christi-Auferstehungs-Kathedrale**, an der linken Uferstraße befindet sich die **Bankbrücke**.

Der nächste bemerkenswerte Bau auf der rechten Seite ist die gelbe lutherische **Peter-und-Paul-Kirche** (Nr. 22), die 1993 der lutherischen Gemeinde zurückgegeben worden ist. In diesem 1838 eingeweihten Haus befand sich in der Sowjetzeit ein Schwimmbad. Am Reformationstag 1992 fand erstmals nach 55 Jahren wieder eine Messe statt – am Rande des weiß gefliesten Beckens. Ein kleines Museum informiert hier über die »Geschichte der Deutschen in St. Petersburg« (Eintritt frei; nur mittags geöffnet).

Die letzte in der Reihe der nichtorthodoxen Kirchen am Newskij ist die ehemalige **Holländische Kirche** (Nr. 20), etwa um dieselbe Zeit erbaut wie die lutherische Peterskirche. In dem grünen Gebäude sind heute Geschäfte und eine Zentralbibliothek untergebracht. Allerdings wurde in der gesamten Geschichte des Hauses immer nur der überkuppelte Mittelbau als Kirche genutzt. Auf der linken Seite fesselt ein barockes grün-weißes Gebäude den Blick: das von

Der Newskij Prospekt ist die »Hauptschlagader« der Stadt.

Rastrelli erbaute Stroganow-Palais (→ S. 74).

Sie haben nun die **Mojka** erreicht, die durch die ältesten und schönsten Viertel fließt. Nach der Volksbrücke erhebt sich rechter Hand das nach seinem ersten Eigentümer benannte **Kotomin-Haus**, erbaut 1816 von Stassow (Nr. 18). Auf der linken Seite des Newskij sehen Sie den frühklassizistischen Bau des **Hauses mit den Säulen** (Nr. 15). In den zwanziger Jahren des 20. Jahrhunderts war das Haus Treffpunkt von Petersburger Literaten und Künstlern. Seither ist hier auch das Kino **Barrikada** untergebracht.

Vor Ihnen liegt nun die Verlängerung der Bolschaja Morskaja Uliza, die den Newskij Prospekt mit dem Schlossplatz und dem Isaaks-Platz verbindet. Sie biegen rechts in die Gasse ein und betreten den **Schlossplatz** (→ S. 60) durch die Paradeeinfahrt der Zaren, den von Carlo Rossi 1829 vollendeten Triumphbogen des Generalstabsgebäudes.

Streifzug zum Smolnyj-Kloster

Charakteristik: vom Sommergarten zum Smolnyj, einmal abseits der Touristenpfade; **Einkehrmöglichkeiten:** auf der gesamten Wegstrecke; **Dauer:** 2–3 Stunden; **Länge:** 3–4 km; **Karte:** → S. 114, C 8/ S. 117, D/E 10

Der Spaziergang beginnt an der Pantelejmonowski-Brücke, wo die Mojka von der Fontanka abzweigt. Links von Ihnen liegt der **Sommergarten**, rechts das dunkelorangefarbene **Ingenieurs-** oder **Michaelsschloss**. In diesem düsteren Haus zeigt sich, dass der Zarenthron auch Lebensgefahr bedeuten konnte. Paul I., ungeliebter Sohn Katharinas der Großen, ließ um 1800 das damals festungsartig durch Wassergräben und Kanonen gesicherte Palais errichten, weil er in den fünf Jahren seiner Regentschaft immer mehr dem Wahn verfiel, man werde ihn ermorden. Die Ängste des Zaren waren begründet. 1801 erdrosselten ihn hohe Offiziere in diesem Schloss und hoben seinen Sohn Alexander auf den Thron. Seit 1823 befand sich hier eine Ingenieurschule, daher bürgerte sich der Name »Ingenieursschloss« ein.

Sie überqueren die **Pantelejmonowski-Brücke**, die über die Fontanka führt, und gehen dann in die Pestel-Straße. Linker Hand erhebt sich eine niedrige orangefarbene Kirche mit grünen Kuppeln, die **Pantelejmon-Kirche**. 1721 stiftete Peter I. an dieser Stelle eine Holzkirche als Dank für die im Seekrieg gegen Schweden errungenen Siege; 1739 wurde sie durch die heutige Steinkirche ersetzt. In Haus Nr. 5 wohnte **Alexander Puschkin** und schrieb hier sein Poem über den »Ehernen Reiter«, in Haus Nr. 11 lebten die Komponisten **Mussorgski** und **Rimski-Korsakow**, auch **Tschaikowsky** lebte hier kurze Zeit. Im Eckhaus zum Litejnyj prospekt wohnte der Dichter und Nobelpreisträger **Joseph Brodski** bis zu seiner Emigration 17 Jahre mit seinen Eltern und beschrieb diese Wohnung eindrucksvoll in seinen »Erinnerungen an St.Petersburg«. Eine Gedenktafel erinnert an ihn. Geplant ist hier auch ein kleines Museum. (www.brodsky.spb.ru).

Litejnyj prospekt → Taurischer Garten

Der Litejnyj prospekt wird überquert und der Spaziergang führt geradeaus weiter, direkt auf eine gelb-weiße Kirche mit braunen Kuppeln zu, die **Preobraschenskij-Kirche** (Christi-Verklärungs-Kirche), 1829 von Stassow erbaut. Der Innenraum ist mit türkischen und persischen Fahnen geschmückt, da die Kathedrale zum Gedenken an den russischen Sieg im Krieg gegen das Osmanische Reich (1828–1829) errichtet wurde. Leider ist sie nur während der Gottesdienste geöffnet (9 und 18 Uhr). Nur dann können Sie die von Stassow entworfene Ikonostase bewundern. Sehenswert ist auch die ebenfalls nach Skizzen von **Stassow** geschaffene Umzäunung aus mit Ketten verbundenen türkischen Kanonen.

Sie umrunden nun die Kathedrale und gehen die Verlängerung der Pestel-Straße, die **uliza Rylejewa**, entlang bis zur **ul. Majakowskowo**, in die Sie links einbiegen. Im Haus Nr. 52 lebte der Dichter Majakowski von 1915 bis 1918. Der breiten Kirotschnaja ul. folgen Sie bis zum Taurischen Garten, dessen Eingang Sie in der Potjomkinskaja ul. erreichen. Wenn Sie den Garten wieder verlassen, befinden Sie sich auf der Tawritscheskaja ul., auf der Sie sich nach links wenden, bis Sie auf die Schpalernaja ul. stoßen. Rechts erblicken Sie am Ende der Straße die herrliche weiß-blaue Kathedrale des **Smolnyj-Klosters.**

Taurisches Palais ⇢ Smolnyj-Kloster

Zunächst biegen Sie jedoch nach links ab und stehen nach wenigen Schritten vor dem **Taurischen Palais**. Katharina II. ließ es für ihren Ratgeber und Geliebten, Grigori Potjomkin, von Starow von 1783 bis 1789 bauen. 1787 besuchte Katharina II. mit Potjomkin die Krim und ließ sich durch Dorfattrappen – seine Neider sprachen von »potemkinschen Dörfern« – von der erfolgreichen Siedlungspolitik des Fürsten beeindrucken.

Nach wechselvoller Geschichte nahm 1906 die Reichsduma ihren Sitz im Taurischen Palais. 1917 verkündete hier Lenin seine berühmten Aprilthesen, später zog für viele Jahre die Parteihochschule ein. Seit 1992 schließlich tagt hier die Interparlamentarische Versammlung der GUS, die sich um eine Harmonisierung der Gesetzgebung ihrer Mitgliedsstaaten bemüht. Das restaurierte Palais ist deswegen nicht zu besichtigen.

Wenn Sie sich jetzt auf den Weg zum Smolnyj-Kloster begeben, sehen Sie links einen Wasserturm (rotes Gebäude). In Höhe der Stawropolskaja ul. überqueren Sie die Straße, um ein kleines, rot-weiß gestrichenes Palais näher zu betrachten: das Kikin-Palais, 1714 vermutlich von A. Schlüter für den **Bojaren Kikin** gebaut.

Bis zum **Smolnyj-Kloster** ist es jetzt nur noch ein Katzensprung. Wenn Sie den Rastrelli-Platz passiert haben, sind Sie am Ziel Ihres Spaziergangs. Zurück in die Innenstadt kommen Sie mit Bussen zur Metrostation Tschernyschewskaja.

Das Denkmal Peters des Großen vor der Hauptfassade des Michailowski-Palast. Heute befindet sich in dem Gebäude eine Porträtgalerie berühmter Petersburger.

7 Über Flüsse und Kanäle – Bootsfahrt durch St. Petersburg

Charakteristik: die schönste Art, Petersburg kennen zu lernen: vom Boot aus; **Dauer:** 1–2 Std.; **Karte:** → Umschlagkarte vorne

Drei künstliche Hauptarme der **Newa**, die **Fontanka**, die **Mojka** und der **Gribojedow-Kanal**, durchströmen seit Peter dem Großen die Große Seite St. Petersburgs, um die Sümpfe der Newaschleife zu entwässern. Katharina II. ließ alle Flussarme durch Kanäle verbinden und die Ufer befestigen, so dass jedes Grundstück des Stadtkerns per Schiff erreichbar war.

Eine ein- bis zweistündige Fahrt mit dem Motorboot über die Flüsse und Kanäle der Stadt sollten Sie sich als Krönung Ihres Aufenthaltes unbedingt gönnen. Besonders atemberaubend ist die Fahrt, wenn man die Stadt vorher bereits zu Fuß erkundet hat, denn man erlebt dann die Kathedralen, Paläste und Brücken aus einer ganz neuen Perspektive. Beginnen Sie die Fahrt am besten am **Newskij**. Rundfahrten werden an allen Brücken angeboten. Entweder Sie steigen in ein Ausflugsboot, das eine feste Route fährt (mit oder ohne Newa-Fahrt) oder Sie mieten ein kleines Boot und bestimmen die Route selbst. (Preis zwischen 30 und 60 $ die Stunde)

Wenn Sie an der **Fontanka** starten, führt die Fahrt Richtung Newa am Sommergarten vorbei. Auf der Newa hat man einen wunderbaren Blick auf die **Peter- und Paul-Festung** und die **Wassili-Insel**. An der Eremitage vorbei biegt das Boot von der Newa ab in den Winterkanal zur Mojka. Von da geht es vorbei am Ingenieursschloss, dem **Michails-Garten** und dem Marsfeld. Als Nächstes steht der **Gribojedow-Kanal** auf dem Programm mit der malerischen **Christi-Auferstehungs-Kathedrale**, der schönsten

Eine Bootsfahrt durch St. Petersburg eröffnet neue faszinierende Perspektiven.

Die Bankbrücke über den Gribojedow-Kanal. Die Eisenseile der Hängebrücke sind in den Mäulern der geflügelten Löwen verankert.

Fußgängerbrücke der Stadt, der **Bankbrücke** und durch Dostojewskis Heumarktviertel bis zur märchenhaften **Nikolaus-Marine-Kathedrale,** die zwischen Gribojedow- und Krjukow-Kanal liegt. Der Krjukow-Kanal bietet eine Verbindung zur Mojka, doch vorher wird die Seitenfront des **Mariinskij-Theater** passiert.

Nun umrunden Sie das romantische Neu-Holland, eine kleine Insel, die ihren Namen schon im frühen 18. Jahrhundert erhielt, als die Holländer hier Holz für Peters erste russische Flotte lagerten.

Jussupow-Palais ···> Fontanka

Sie passieren nun das **Jussupow-Palais.** Fürst Jussupow aus einem alten tatarischen Adelsgeschlecht hatte das Palais an der Mojka einst als Stadtvilla erworben. Hier erleben Sie die ungewöhnlichen Maße der Blauen Brücke am Isaaks-Platz einmal von unten. Sie ist nämlich 100 Meter breit bei einer Länge von nur 35 Meter. Vom Isaaks-Platz aus betrachtet, nimmt man sie nicht als Brücke, sondern als Teil des Platzes vor dem Marienpalais wahr, zumal auch nur ihr Unterbau blau gestrichen ist. Die verschiedenen Farben der Brücken dienten den Schiffern früher zur besseren Orientierung.

Weiter geht es am Rasumowski-Palais, in dem heute Teile der Pädagogischen Hochschule untergebracht sind, und dem Stroganow-Palais vorbei unter der Volksbrücke, über die der Newskij Prospekt verläuft, hindurch zum Haus Puschkins und von dort schließlich wieder zurück zur Fontanka.

Ausflüge in die Umgebung

Petrodworez (Peterhof) – die Sommerresidenz der Zaren

Charakteristik: Die schönste Zarenresidenz liegt am Finnischen Meerbusen.
Öffnungszeiten: Di–So 11–18 Uhr, außer letzter Di im Monat. Zwischen Sept. und Mai nur bis 17 Uhr; **Dauer:** 6–8 Std.;
Karte: S. 87, S. 93, a 1

Nach Peterhof, das etwa 30 km entfernt von St. Petersburg am Südufer des Finnischen Meerbusens liegt, und
8 wieder zurück in die Stadt kommen Sie ideal mit dem Tragflächenboot (alle 30 Minuten ab Anlegestelle »Eremitage«, Fahrtdauer: 30 Minuten, nur bei gutem Wetter!) oder mit dem Vorortzug vom Baltischen Bahnhof (Fahrplan in der Halle).

Machen Sie es wie die Zaren! Reisen Sie nach Peterhof mit dem Schiff. Denn vom Meer aus hat man den überwältigendsten Blick auf den **Großen Palast** und die **Große Kaskade**, den 400 m langen Meereskanal, der zum Schloss führt, und die kunstvolle Anlage des **Unteren Parks**. Doch auch die Ankunft auf dem Landweg ist aufregend genug. Durch ein vom großen Barockbaumeister Rastrelli gestaltetes Paradetor betritt man den in strenger Symmetrie angelegten **Oberen Park** mit dem Nürnberger **Neptun-Brunnen** als Mittelpunkt. Die südliche Fassade ist nicht weniger prunkvoll gestaltet als die nördliche, dem Meer zugewandte.

Wer den Großen Palast besichtigt, wird in der wiedererstandenen Pracht der unvergleichlichen Räume mit den Dokumentarfotos der Zerstörung konfrontiert. Als 1944 die Belagerung Leningrads durch die Truppen der deutschen Wehrmacht beendet war, waren von Peterhof nur noch Ruinen übrig geblieben, und die Parkanlagen waren verwüstet.

Peter I. selbst hat den Ort ausgesucht, an dem seine zukünftige Sommerresidenz errichtet werden sollte, und zeichnete Entwürfe für den Park und Palast. Aber erst im Jahr 1712, als Russland nach den Siegen über Schweden auf dem Weg zur europäischen Großmacht war, wurde mit den Arbeiten begonnen. Zunächst war es der deutsche Baumeister Braunstein, der die Skizzen des Zaren realisierte, dann vor allem der Franzose Leblond, ein Schüler von André Le Nôtre, der schon die Gärten von Versailles geschaffen hatte.

1723 war die Gesamtanlage von Peterhof beinahe so fertig gestellt, wie wir sie heute kennen. Nur der Große Palast ist in seiner jetzigen Größe und Pracht erst unter den Zarinnen Elisabeth I. und Katharina II. entstanden. Seine ursprüngliche architektonische Konzeption stammt von Leblond, zu Peters Zeiten war er zweistöckig und nicht breiter als die Große Kaskade. Seine prächtige Vollendung erhielt der Palast erst 1752 durch Rastrelli, der auch größtenteils die prunkvolle Innenausstattung entwarf. Seitdem blieb der **Große Palast** baulich und in seiner Fassadengestaltung nahezu unverändert.

Die **Große Kaskade**, die die Palastterrasse mit dem unteren Park verbindet, gilt als eine der schönsten und wohl auch größten Brunnenanlagen der Welt. Das Wasser fließt hier über zwei breite Treppen mit jeweils sieben Stufen in ein riesiges marmornes Becken, in dessen Mitte die vergoldete **Samson-Fontäne** steht. Sie erhielt ihren Platz allerdings erst nach Peters Tod und wurde zum Gedenken an seinen glänzenden Sieg über die Schweden in der Schlacht bei Poltawa (1709) nach Entwürfen des florentinischen Bildhauers Rastrelli, des

Petrodworez (Peterhof) 8
0
300 m
Finnischer Meerbusen
Anlegestelle der Tragflächenboote
Meereskanal
Alexandra-Park, Cottage
Meierei
Bahnhof, St. Petersburg
Gotische Kapelle
Ehem. Reithalle
Krasnyj Prospekt
Pyramidenfontäne
Raswodnaja Pl.
Schloss Monplaisir
Sonnenfontäne
Vogelhaus
Peter I.
Scherzfontänen
Römische Fontänen
Schachbrettberg-Kaskade
Roter Teich
Denkmal für die Gefallenen der Oktoberrevolution
Peter-und-Paul-Kathedrale
Orangerie
Hoffräuleinhaus, Benois-Museum
Adamfontäne
Schlosskirche
Unterer Park
Großer Palast
Neptunfontäne
Oberer Park
Eingang
Große Kaskade und Samsonfontäne
Evafontäne
Löwenkaskade
Eremitage
Kaskade Goldener Berg
Schloss Marly
Ménager-Fontänen
Marly-Kanal
Krasnyj Prospekt
© MERIAN-Kartographie

Vaters des großen Barockbaumeisters, geschaffen: Samson (der Zar) reißt dem Löwen (den Schweden) das Maul auf. Die Skulpturengruppe des Löwenbezwingers, die heute zu sehen ist, wurde 1947 von zwei sowjetischen Bildhauern nachgebildet.

Reich geschmückt ist die Große Kaskade, die ihre Wasserspiele ohne jede Pumpe entfaltet und ausschließlich über ein kunstvolles System von Vorhaltebecken und Ausnutzung der verschiedenen Höhenunterschiede funktioniert. Im Unteren Park sind noch zwei weitere bemerkenswerte Kaskaden zu besichtigen: die **Schachbrettberg-Kaskade** und die **Kaskade Goldener Berg**, daneben zahlreiche Fontänen, in beiden Parks insgesamt weit über hundert. Scherzfontänen spritzen auf, wenn man auf bestimmte Steine tritt!

Sehenswert sind die **Pyramiden-Fontäne** östlich des Großen Palastes und die **Sonnen- und Römischen Fontänen** in der Nähe des Schlösschens **Monplaisir**. Einzigartig ist die **Fontänen-Allee**. An beiden Seiten des Meereskanals, der in das Becken der Samson-Fontäne einmündet, sind Marmorschalen mit Wasserfontänen in den Rasen eingelassen. Der Kanal war die Paradeeinfahrt für die Zaren und ihre Gäste nach Peterhof. Die glanzvolle Gestaltung des Unteren Parks zeigt, dass Peter diese Residenz vor allem als Symbol der neuen Seeherrschaft Russlands bauen ließ.

Interessant unter den im Park nahe dem Meer angeordneten kleinen Palais ist vor allem **Monplaisir** (meine Freude), das 1723, zwei Jahre vor Peters Tod, von Braunstein vollendet wurde. Der schlichte holländische Stil entsprach ganz Peters Geschmack und seinen Bedürfnissen.

Das **Palais Marly** wurde vor allem als Gästehaus genutzt. Wer an einem intimen Einblick in das Privatleben der Zaren interessiert ist, sollte auch das **Cottage** im **Alexandra-Park** besuchen. Es stammt allerdings aus dem Jahr 1829 und wurde für Nikolai I. und seine Frau Alexandra gebaut.

Sind Sie nun etwas ermattet vom Glanz des »nördlichen Versailles«? Dann können Sie sich bei vorzüglichen kleinen Gerichten und einem herrlichen Eis mit Rosinen im **Café Trapeza** erholen (aus dem Eingang des Großen Palastes an der Straße kommend, wenden Sie sich nach rechts, dann die erste Straße links, Haus Nr. 9, gegenüber dem **Benois-Museum** (tgl. 12–16 und 17–19 Uhr).

Zarskoje Selo (Puschkin) und Pawlowsk

Charakteristik: Parkspaziergang und Besuch des weltberühmten Bernsteinzimmers; **Öffnungszeiten**: Zarskoje Selo, Katharinen-Park: durchgehend geöffnet; Katharinenpalast: tgl. außer Di und letzter Mo des Monats 10–18 Uhr, während der »Weißen Nächte« eingeschränkte Öffnungszeiten für Individualtouristen; **Anfahrt**: mit dem Zug vom Witebsker Bahnhof (Metro: Puschkinskaja) bis Detskoje Selo; Busse: 371, 382; mit dem Auto: Moskowskij prospekt, Pulkowskoje Schosse, nach ca. 8 km beim Puschkin-Denkmal links abbiegen, dann durch das Ägyptische Tor; **Dauer**: 6–7 Std.; **Info**: www.tzar.ru; **Karte**: → S. 90, S. 93, b 1–2

Zarskoje Selo (Zarendorf) oder Puschkin, wie der Ort 1937 bis 1992 nach dem großen russischen Dichter hieß, liegt 25 km südlich von St. Petersburg.

Die Geschichte des Katharinenpalastes in Zarskoje Selo liest sich wie die des Großen Palastes in Peterhof oder der Eremitage in St. Petersburg: 1717 gab Peters Frau Katharina dem deutschen Architekten Braunstein den Auftrag, ein Schloss zu errichten. Unter Tochter Elisabeth I. baute Rastrelli das vorhandene Palais prunkvoll aus, stock- 9 te es auf und verlängerte die Fassade. Katharina II. ließ den Räumen dann den letzten luxuriösen Schliff geben und den Park im Süden anlegen, dessen Mittelpunkt der künstlich angelegte Große Teich ist.

Schlendern Sie ein wenig durch den Katharinen-Park, während der Woche werden Sie dort kaum einem Menschen begegnen. Genießen Sie die Ruhe unter den alten Bäumen oder statten Sie der von Rastrelli entworfenen Grotte am **Großen Teich** einen Besuch ab. Sehenswert sind auch der Achatpavillon und die Cameron-Galerie.

Nicht an Größe, wohl aber in der Pracht seiner Ausstattung kann sich der **Katharinenpalast** fast mit dem Winterpalais messen. Über 100 kg Gold benötigte Rastrelli für die Vergoldung der Innendekoration. Und nur der Katharinenpalast besaß eine Enfilade (Zimmerflucht) der Paraderäume im ersten Stock, die so lang war wie der gesamte Bau (300 m). In dieser Enfilade glänzt seit Mai 2003 das wiederhergestellte Bernsteinzimmer.

Bernsteinzimmer

Das »achte Weltwunder« wurde 1716 Zar Peter von Friedrich Wilhelm I. geschenkt, der dafür 55 »lange Kerls« für seine Elitetruppe erhielt. Zuerst war das Bernsteinzimmer im Winterpalast untergebracht, bis Zarin Elisabeth ihren Lieblingsarchitekten Rastrelli beauftragte, es von 50 auf 100 qm zu erweitern und im neuen barocken Katharinenschloss, das Rastrelli verschwenderisch mit Gold ausschmückte, zu installieren. Fast 200 Jahre war es dort zu bewundern, bis es die Deutschen 1941 nach Königsberg transportierten. Dort verschwand das Bernsteinzimmer drei Jahre später spurlos. Seither gab es etliche Vermutungen, wo der »Schatz der Schätze« versteckt sein könnte, und viele Schatzsucher machten sich vergeblich auf den Weg. Seit 1979 arbeiteten russische Restaurateure an der Wiederherstellung des Wunderwerks, doch die Arbeiten gingen nur schleppend voran. Nach dem Zusammenbruch der Sowjetunion stagnierten sie völlig, weil das Geld fehlte. Mit Hilfe der im Russlandgeschäft engagierten Essener Ruhrgas AG konnten die Arbeiten seit Ende der Neunziger bis zum 300. Stadtgeburtstag zügig vollendet werden. Der deutsche Energiekonzern stellte 3,5 Millionen Dollar zur Verfügung. Eine Legende wurde wieder Realität.

10

Für Literaturliebhaber ist in Zarskoje Selo auch ein Besuch des Lyzeums, wo Puschkin ausgebildet wurde, und des Puschkin-Museums sehr interessant.

Das größte und berühmteste Puzzle der Welt besteht aus 500 000 Bernsteinteilchen.

Kronstadt auf Kotlin

Charakteristik: Spaziergang durch die alte Hafenstadt; **Anreise:** über die Primorskoje Richtung Wyborg; nach Olgino und Lissij Nos links ab auf den Damm; **Einkehrmöglichkeiten**: überall in der Stadt; **Dauer:** ca. 5 Std.; www.kronstadt 300.ru; **Karte:** ⟶ S. 93, a 1

Seit 1921, als sich die Matrosen von Kronstadt erhoben, ist der Name dieses Städtchens auf der Insel Kotlin weltbekannt. Geheimnisumwittert war Kronstadt allerdings bereits seit seiner Gründung 1703, denn es war immer Festung und Stützpunkt der Baltischen Flotte, erst der zaristischen, dann der sowjetischen. Seit Jahrzehnten war die Insel deswegen für Besucher gesperrt.

Auch heute noch brauchen Einheimische und Fremde, die Kronstadt als Einzelpersonen besuchen möchten, die Einladung eines Einwohners und die Erlaubnis des Marinekommandanten, doch für Touristengruppen ist die Insel ohne Formalitäten geöffnet. Nur Ihren Pass sollten Sie vorsichtshalber mitnehmen.

Ein Besuch Kronstadts lohnt sich sehr. Sie werden zwar keine sensationellen Kunstdenkmäler zu sehen bekommen, aber dafür die eigenartige Atmosphäre einer lange Zeit absolut geschlossenen Stadt spüren, die fast ausschließlich von Marineangehörigen bewohnt wird. Früher erreichte man die 13 km lange und 2 km breite Insel Kotlin (40 000 Einwohner) nur mit dem Schiff. Seitdem aber ein Schutzdamm gegen Überflutungen nördlich von St. Petersburg Kronstadt mit dem Festland verbindet, kann man das Eiland auch mit dem Bus oder Auto erreichen.

Kronstadt, das bis 1723 Kronschlot hieß, ist so alt wie St. Petersburg. 1703, fast gleichzeitig mit der Gründung der Peter- und Paul-Festung, wurde auch der Grundstein für eine Festung auf Kotlin gelegt. Sie sollte die künftige neue Hauptstadt vor Angriffen vom Meer her schützen.

Nur wenige Bauten aus Peters Zeit blieben erhalten: das Palais seines Freundes Menschikow, in dem zuletzt die berühmte Marineingenieursschule untergebracht war, ein nach dem Vorbild des Gostinyj Dwor errichteter Kaufhof, einige Arsenalbauten, Reste der Zarenwerft. Fast alle alten Kirchen wurden in der Sowjetzeit gesprengt. Zu sehen ist noch die mächtige **Morskoj-Nikolskij-Kathedrale** mit schönen Terrakotta-Skulpturen in Form von Ankern. 1913 wurde sie als Kirche der rangniedrigen Marineeinheiten geweiht.

Zur Tradition Kronstadts gehörte auch, dass hier Seehelden und große Meeresforscher ihre letzte Ruhestätte fanden. In jedem Besichtigungsprogramm ist ein Besuch des »Ankerplatzes« mit dem monumentalen Denkmal Admiral Makarows inbegriffen, der im Russisch-Japanischen Krieg mit Schiff und Mannschaft heldenhaft unterging.

Kadetten in Kronstadt, dem Stützpunkt der baltischen Flotte.

Nowgorod – russische Kultur pur

Charakteristik: Stadtbummel durch die alte Handelsmetropole; **Öffnungszeiten**: Kreml tgl. 8–24 Uhr; Facettenpalast, Nowgoroder Museum, Sophien-Kathedrale tgl. 10–17.20 Uhr, außer Di und letzter Do des Monats; Freilichtmuseum: tgl. 10–17 Uhr; **Anfahrt**: Richtung Moskau über Tschudowo; **Dauer**: 10 Std.; **Karte**: ⟶ S. 93, c 4

Nowgorod, circa 2,5 Autostunden von St. Petersburg entfernt, ist eine der ältesten Städte Russlands; im Jahr 859 wird es erstmals urkundlich erwähnt. Früh entwickelte sich hier der Handel, denn die Stadt liegt am Fluss **Wolchow**, der im Frühmittelalter ein Teil des wichtigen Handelsweges »von den Warägern zu den Griechen« (von Schweden nach Konstantinopel) war.

Im 9. Jh. war Nowgorod (»Neustadt«) die Residenz des Warägers Rurik, des legendären Gründers des Russischen Reiches. 1136 war es eine unabhängige Adelsrepublik mit einer in russischen Landen einzigartigen Verfassung geworden. Das Nowgoroder Parlament, das **Wetsche**, setzte sich aus den Bürgern der Stadt zusammen. Es wählte die Regierung und auch einen Erzbischof. Deutsche Kaufleute, später die Hanse, führten den Stadtstaat vom 12. Jh. an durch regen Handel mit dem Westen zu hoher wirtschaftlicher und auch politischer Blüte. Daneben nahmen die Künste einen erstaunlichen Aufschwung. Die Nowgoroder Schule brachte Werke hervor, die zu den bedeutendsten Russlands zählen. 1477 bereitete Iwan III., Großfürst von Moskau, der Unabhängigkeit Nowgorods ein gewaltsames Ende.

Ein Besichtigungsprogramm in Nowgorod beginnt meistens mit einem Besuch des **Jurjew-(St.-Georgs) Klosters** am nahen Ilmensee, gegründet im 11. Jh. und eines der ältesten Klöster Russlands. Die beeindruckende **St.-Georgs-Kathedrale** stammt aus dem Jahr 1119. Nicht weit entfernt davon liegt am Ilmensee das Freilichtmuseum Witoslawlizy, das besonders schöne Beispiele der Holzbaukunst aus dem Nowgoroder Gebiet zeigt.

Nowgorod liegt beiderseits des Flusses Wolchow und teilt sich in die »Sophienseite« und die »Handelsseite«. Herzstück Nowgorods ist der **Kreml (Detinez)** auf der Sophienseite, der sich seit 1044 am hohen Ufer des Wolchow erhebt. Ihn überragen die silbern glänzenden Kuppeln der **Sophien-Kathedrale**. Die Nowgoroder haben eine geradezu mystische Beziehung zu dieser Kirche. Einzigartig ist das **Magdeburger Tor** am Haupteingang. Es besteht aus 48 Bronzeplatten mit Bibelszenen und allegorischen Darstellungen.

Unweit der Sophien-Kathedrale erhebt sich der **Facettenpalast**, der zur Residenz des Erzbischofs gehört. 1433 von deutschen und Nowgoroder Baumeistern errichtet, ist er das einzige gotische Bauwerk in der Alten Rus. Der Facettenpalast zeigt heute Erzeugnisse des Kunsthandwerks aus dem 11. bis 20. Jh., darunter sakrale Silberkrater, ein Ziborium (15. Jh.), die Brustikone des Erzbischofs Pimen (16. Jh.), ein Weihrauchgefäß (17. Jh.), ein Archimandritenstab mit 300 Granatsteinen (19. Jh.).

Die **Glockenwand** östlich der Kathedrale wurde 1439 errichtet. Die Glocken stehen heute vor dem schlichten Bau, von links gesehen die »Sonntagsglocke«, die »Festtagsglocke«, mit 26,5 t die größte Nowgoroder Glocke, die »Alltagsglocke« und eine Glocke, die Zar Boris Godunow stiftete.

Der **Sadkobrunnen** im Kremlpark erzählt die altrussische Sage von dem jungen Kaufmann Sadko und der schönen Seeprinzessin Wolchowa. Das Denkmal **Tausend Jahre Russ-**

land, 1862 im Zentrum des Kreml errichtet, ist in Form der Monomach-Krone gestaltet. Hinter dem Denkmal, im früheren Gebäude der Gouvernementskanzlei, ist das **Nowgoroder Museum** mit seiner berühmten Ikonensammlung untergebracht.

Die Handelsseite war die Domäne der Kaufleute und Handwerker, aber hier befand sich auch immer das politische Zentrum, der **Jaroslaw-Hof**, zunächst Residenz des Fürsten, dann Sitz des Wetsche. Von den vielen Kirchen der Handelsseite sollte man unbedingt die **Christi-Verklärungs-Kirche** in der Iljin-Straße mit ihren wunderbaren Fresken von Theophanes dem Griechen besuchen.

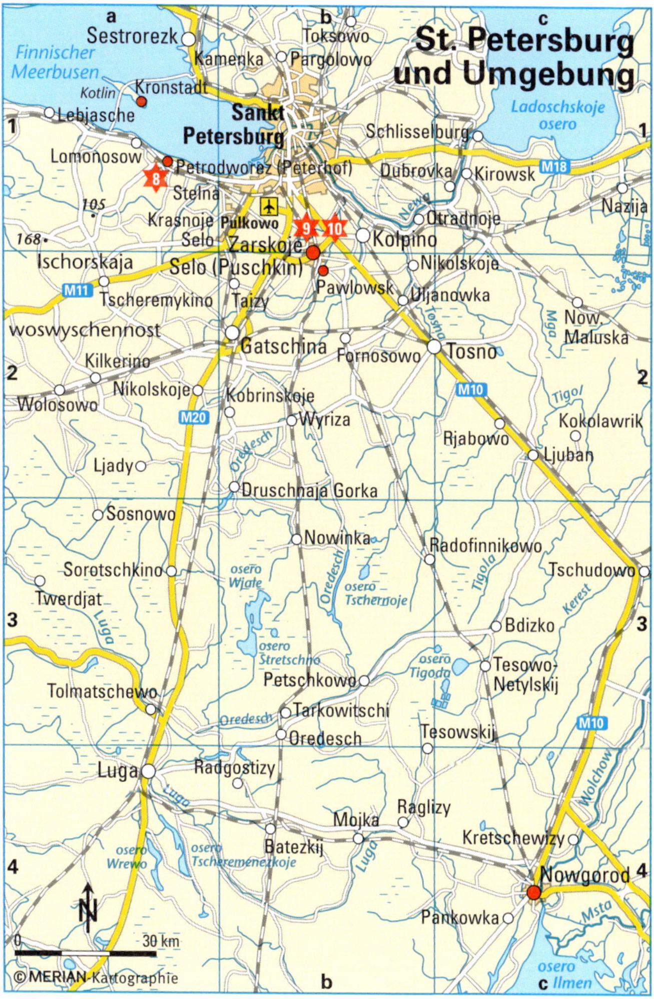

Wissenswertes über St. Petersburg

Edelste Materialien wurden bei der Ausgestaltung der klassizistischen Metrostationen verwendet.

St. Petersburg im Überblick: viele nützliche Informationen zur Reisevorbereitung und für den Aufenthalt vor Ort. Mit aktuellen Wechselkursen, Geschichtstafel und Sprachführer.

Jahreszahlen und Fakten im Überblick

9.–12. Jh.
In der Zeit der Kiewer Rus – der Keimzelle Russlands – gehört das Gebiet um das spätere St. Petersburg zum Fürstentum Nowgorod, das im 9. Jh. mit dem Großfürstentum Kiew vereinigt worden war.

1240
Die Schweden greifen Nowgorod an. Fürst Alexander schlägt sie in einer Schlacht an der Newa vernichtend und erhält deswegen den Beinamen »Newski«. In der Folgezeit greift Schweden immer wieder den Nordwesten Russlands, der jetzt Ingermanland heißt, an.

1617
Im Frieden von Stolbowo tritt Russland zum zweiten Mal Ingermanland an Schweden ab.

1. Mai 1703
Russische Truppen unter Führung Peters I. und Scheremetjews erobern die schwedische Festung Nyenschanz an der Newa.

16. Mai 1703
Grundsteinlegung der Peter- und Paul-Festung auf der Haseninsel im Mündungsgebiet der Newa, Gründung St. Petersburgs.

1710
Nach dem Sieg Russlands über Schweden bei Poltawa wird der Ausbau St. Petersburgs durch den Einsatz von Leibeigenen und Zwangsansiedlungen vorangetrieben.

1712
St. Petersburg wird Hauptstadt Russlands, Moskau bleibt Krönungsstadt der Zaren.

1721
Im Friedensabkommen von Nystad gewinnt Russland Ingermanland von den Schweden zurück.

1725
Peter I. stirbt, St. Petersburg zählt bereits 70 000 Einwohner.

1727
Unter Peter II. wird Moskau wieder zur Hauptstadt erklärt.

1732
Die Zarin Anna Iwanowna bestimmt St. Petersburg erneut zur Hauptstadt Russlands.

1741–1761
Elisabeth I. setzt die Politik ihres Vaters, Peter I., fort. 1754 beginnt Rastrelli mit dem Bau des Winterpalais.

1762–1796
Die deutsche Prinzessin Sofia von Anhalt-Zerbst besteigt als Katharina II. den Zarenthron und fördert den prachtvollen Ausbau St. Petersburgs. Bei ihrem Tod gilt die Stadt als schönste, eleganteste und reichste Hauptstadt Europas.

1812
Nach dem Rückzug Napoleons aus Russland setzt eine Phase der politischen Restauration in Europa unter Führung Russlands ein.

1825
Nikolai I. lässt den Aufstand der »Dekabristen« – junger Adliger, die die Abschaffung der Leibeigenschaft und des autokratischen Herrschaftssystems sowie die Einberufung einer Verfassunggebenden Versammlung in Russland fordern – blutig niederschlagen.

1837
Zwischen St. Petersburg und Zarskoje Selo wird die erste Eisenbahn-

strecke Russlands eröffnet. St. Petersburg zählt schon damals über 500 000 Einwohner.

1861
Aufhebung der Leibeigenschaft in Russland.

1905
Der letzte Zar Nikolai II. lässt am 9. Januar (Blutsonntag) eine friedliche Demonstration von Arbeitern auf dem Schlossplatz niederschießen und löst damit die erste russische Revolution aus.

1914
Am 18. August wird St. Petersburg in Petrograd umbenannt.

Februar 1917
Die bürgerlich-demokratische Revolution bricht aus und führt zur Abdankung des Zaren und zur Bildung einer bürgerlichen Provisorischen Regierung. Als paralleles Machtorgan formiert sich der Petrograder Sowjet (Rat) der Arbeiter- und Soldatendeputierten.

24.–26. Oktober 1917
Die Oktoberrevolution beginnt. Die Bolschewiki ergreifen die Macht in Russland.

1918
Die neue Sowjetregierung erklärt Moskau nach dem Ersten Weltkrieg wieder zur Hauptstadt Russlands. Beginn des Bürgerkriegs.

1924
Nach Lenins Tod wird Petrograd in Leningrad umbenannt.

1941–1944
Die Blockade Leningrads durch die deutsche Wehrmacht dauert 900 Tage. Über 1 Million Menschen kommen um, die meisten durch Hunger. Die Sommerresidenzen der Zaren werden fast völlig zerstört.

1965
Leningrad erhält den Titel »Heldenstadt« der Sowjetunion.

1985
Am 11. März wird Michail Gorbatschow Generalsekretär und leitet die Perestroika ein.

1991
Juni: Boris Jelzin wird Präsident der Russischen Föderation.
August: Putschversuch.
September: Leningrad wird wieder in St.Petersburg umbenannt.
Dezember: Auflösung der UdSSR, Gründung der GUS, Gorbatschow tritt zurück.

Oktober 1993
Konservative nationalkommunistische Kräfte putschen gegen den russischen Präsidenten Jelzin.

Juni 1996
Die Wahlen zur Staatsduma bestätigen Boris Jelzin in seinem Amt.

Juli 1998
Feierliche Beisetzung der Gebeine der Zaren-Familie in der Peter-und-Paul-Kathedrale.

1999
Am 31. Dezember tritt Jelzin als Präsident zurück.

März 2000
Der Petersburger Wladimir Putin gewinnt die russische Präsidentenwahl mit 52 Prozent der abgegebenen Stimmen und tritt die Nachfolge von Boris Jelzin an.

2003
St. Petersburg feiert seinen 300. Geburtstag und erstrahlt wieder in altem Zarenglanz.

2004
Im März wird Putin mit großer Mehrheit wiedergewählt.

Nie wieder sprachlos

Die 33 Buchstaben des russischen Alphabets setzen sich aus griechischen, kyrillischen und lateinischen Zeichen zusammen. Die Transkription entspricht der gängigen Duden-Norm.

Kyrillische Abkürzungen

al.	Alleja	Allee
ал.	Аллея	
nab.	Nabereshnaja	Uferstraße/Kai
наб.	Набережная	
per.	Pereulok	Gasse
пер.	Переулок	
pl.	Ploschtschad	Platz
пл.	ПлощадЬ	
pr.	Prospekt	breite Straße
пр.	Проспект	
ul.	Uliza	Straße
ул.	Улица	

Das russische Alphabet

Buchstabe	Ausspracheregeln	Transkription
А а		a
Б б		b
В в		w
Г г	in der Endung -ogo wie w gesprochen	g
Д д		d
Е е	je	e
Ё ё	jo	jo
Ж ж	wie Journal	sch
З з	wie Saal	s
И и		i
Й й		(j)
К к		k
Л л		l
М м		m
Н н		n
О о		o
П п		p
Р р		r
С с	wie Slawe	s
Т т		t
У у		u
Ф ф		f
Х х		ch
Ц ц		z
Ч ч		tsch
Ш ш		sch
Щ щ		schtsch
Ы ы	wie ü in dünn	y
Ъ ъ	nicht gesprochen	
Ь ь	nicht gesprochen	
Э э		e
Ю ю		ju
Я я		ja

Wichtige Wörter und Ausdrücke

ja	*da*
nein	*njet*
bitte	*poschalußta*
danke	*ßpaßiba*
Wie bitte?	*iswinitje, kak wy skasali?*
Ich verstehe Sie nicht	*ja was ni panimaju*
Entschuldigung	*iswinitje*
Guten Morgen!	*dobraje utra!*
Guten Tag!	*dobry djen!*
Guten Abend!	*dobry wjetscher!*
Hallo!	*priwjet*
Ich heiße ...	*minja sawut ...*
Ich komme aus ...	*ja is ...*
Deutschland	*germanii*
Österreich	*afstrii*
Schweiz	*schwejtzarii*
Sprechen Sie Deutsch/Englisch?	*wy gawaritje panimjetzki/poanliski?*
Ich verstehe Sie nicht	*Ja was ne panimajũ*
Auf Wiedersehen!	*da ßwidanja!*
Wie geht es Ihnen?	*kak u was dila?*
wann	*kagda*
heute	*ßiwodnja*
morgen	*saftra*

Zahlen

eins	*adin, adna, adno*
zwei	*dwa, dwje*
drei	*tri*
vier	*tschityri*
fünf	*pjat*
sechs	*scheßt*
sieben	*ßjem*
acht	*woßim*
neun	*djewit*
zehn	*dßeßit*
20	*dwazatj*
30	*trizatj*
40	*sorok*
50	*pjatdesjat*
60	*schestdesjat*
70	*semdesjat*
hundert	*ßto*
tausend	*tyßitscha*

Mit und ohne Auto unterwegs

Ich möchte tanken	*ja chatjel by sa prawitza*
92er Benzin	*diwinoßta fta rowa*
95er Benzin	*diwinoßta pja tawa*
Diesel	*disilnoje*
rechts	*ßprawa*
links	*ßljewa*
geradeaus	*prjama*
Bahnhof	*woksal*
Schalter	*kassa*
Fahrkarte	*bilet*
Abfahrt	*otprawlenije*
Ankunft	*pribytije*
Gleis	*put*
Zug	*pojesd*
1. Klasse	*mjachki wagon*
Autobus	*awtobus*
Straßenbahn	*tramwai*
U-Bahn	*metro*
Haltestelle	*ostanowka*
Toilette	*tualet*
– Damen	Ж
– Herren	M
Eingang	*wchod*
kein Eingang	net *wchod*
Ausgang	*wychod*
kein Ausgang	*net wychod*
Notausgang	*sapasnoj wychod*
Flughafen	*aeroport*
Straße	*uliza, schosse*
Halt!	*stoi!*
Hotel	*gostiniza*
freies Zimmer	*swobodny nomer*
Dusche	*dusch*
Toilette	*tualet*
alles belegt!	*wsjo sanjato!*
funktioniert nicht	*ne rabotajet*
die Post	*potschta*
ein Restaurant	*restoran*
ein Museum	*musej*
der Flughafen	*aeroport*
Flugzeug	*samoljot*

Die wichtigsten kulinarischen Begriffe

A
abjéd (обед): Mittagessen
agurjétß (огурец): Gurke
amljét (омлет): Omelett
arbúß (арбуз): Melone
arjéchi (орехи): Nüsse
aßjetrína (осетрина): Stör
äßkalóp (эскалоп): Schweineschnitzel
aßßartí rybnaje (ассорти рыбное): Fischplatte

B
baránina schárjenaja (баранина жареная): Hammelbraten
bifschtjékß (бифштекс): Beefsteak
bifßtróganof (бефстроганов): Beef Stroganoff
bliny (блины): Hefepfannkuchen
– *blíntschiki* (блины/блинчики): Plinsen (Buchweizenpfannkuchen)
borschtsch (борщ): Borschtsch (Suppe aus Sauerkraut, Weißkohl, Roten Rüben, Zwiebeln, Tomaten)
praßtakwáscha (простокваша): Dickmilch
brójljer (бройлер): Grill-Hähnchen
bljutschka (блючка): Brötchen
buljón (бульон): Brühe
butylka (бутылка): Flasche

C
chljep (хлеб): Brot

D
dar'y mórja (дары мóра): Meeresfrüchte
Dewuschka! (девушка): Fräulein!
djeßjért (десерт): Nachspeise

F
farjél (форель): Forelle
faßól (фасоль): Bohnen
file (филе): Filet
frúkty (фрукты): Obst

G
garóch/garóschek (горох/горошек): Erbse
gawjádina (говядина): Rindfleisch
griby (грибы): Pilze
grúscha (груша): Birne

I
ikrá (икра): Kaviar
– *kjétawaja* (икра кетовая): Kaviar, roter
– *sjernístaja* (икра зернистая): Kaviar, schwarzer

J
jáblaka (яблоко): Apfel
jagnjónak (ягнёнок): Lamm
jaitschnitßa-baltúnja (яичница болтунья): Rühreier
jaitschnitßa (яичница): Spiegeleier
jajtßó (яйцо): Ei

K
kakao (какао): Kakao
kambalá (камбала): Scholle
kanape rybnoje (канапе рыьное): Fischbrötchen
kapúßta (капуста): Kohl
– *tßwjetnája* (капуста цветная): Blumenkohl
kartófjell, kartóschka (картофель/картошка): Kartoffeln
káscha (каша): Grütze
katljéta (котлета): Frikadelle, Bulette
kíßlaja kapúßta (кислая капуста): Sauerkraut
kjefír (кефир): Kefir
klubníka (клубника): Erdbeeren
kófe (кофе): Kaffee
– *tschórnyi* (кофе чёрный): Kaffee, schwarzer
kompot (компот): Kompott
konjak (коньяк): Kognak
kotleta baranja (котлета баранья): Hammelkotelett
– *is swininy* (котлеты из свинсны): Schweinekotelett
kotlety (котлеты): Buletten
kraby (крабы): Krabben

krjewjétki (креветки): Krabben
kúritßa (куритца): Huhn
kwas (квас): Kwas

L

laßoßína (лососина): Lachs
likjór (ликёр): Likör
limanád (лимонад): Limonade
luk (лук): Zwiebel

M

malakó (молоко): Milch
malína (малина): Himbeere
marmjelád (мармелад): Marmelade
marózenaje (мороженое): Eis
máßla (масло): Butter
minjerálnaja wadá (минеральная вода): Mineralwasser
mjaso (мясо): Fleisch
mjaßnyje bljúda (мясные блюда): Fleischgerichte
mjenjú (меню): Speisekarte
mjod (мёд): Honig

N

Na Sdorowje! (на здоровье!): Zum Wohl!

O

Ofiziant (официант): Kellner/Ober!
oliwki (оливки): Oliven
ówaschtschi (обощи): Gemüse

P

pjetschjénije (печенье): Gebäck
piróschnaje piróg (пирожное/ пирог): Kuchen
piroshki (пирожки): Piroggen, Teigtaschen gefüllt mit Gemüse/Fleisch
píwa (пиво): Bier
pjelmjéni (пельмени): Art kleine Maultaschen
pjetschjénka (печенка): Leber
plow is barániny (плов из баранины): Hammelpilaw (Reistopf)

R

raßßólnik (рассольник): Rassolnik – Suppe aus sauren Gurken und Innereien
Restauran/Kafe (ресторан/кафе): Restaurant
róßtbif (ростбиф): Roastbeef
ryba (рыба): Fisch
– *sapetschenaja* (рыба запеченая): Fisch, gebacken

S

sakuska/sakuski (закуски): Vorspeise/n
salat fruktowy (салат фруктовый): Obstsalat
– *is ogurzow* (салат из огурцов): Gurkensalat
schampanskjoje (шампанское): Sekt
– *suchoje* (сухое): trocken
– *palußuchóje* (полусухое): halbtrocken
schaschlyk (шашлик): Fleischspieße
schnítßjel (шницель): Schnitzel
schtschi (щи): Kohlsuppe
stschjót (счёт): Zahlen/Rechnung
sir (сыр): Käse
smetána (сметана): saure Sahne
sok (сок): Saft
soljanka (солянка): Soljanka (Suppe mit Gemüsen, Oliven oder sauren Gurken)
ßaßíßki (сосиски): Würstchen

T

tarjélka (тарелка): Teller
tjeljátina (телятина): Kalbfleisch
tschai (чай): Tee
tscháschka (чашка): Tasse
tworók (творог): Quark

U

uchá (уха): Fischsuppe
útka (утка): Ente

W

wareniki (вареники): gekochte Teigtäschchen mit süßer Füllung
wílka (випка): Gabel
winó (вино): Wein
wjetschiná (ветчина): Schinken
wótka (водка): Wodka

Z

zárjennyj (жаренный): gebraten

Nützliche Adressen und Reiseservice

Auf einen Blick

Fläche: Die Stadt liegt nur 3–10 Meter über dem Meer und nimmt 600 Quadratkilometer Fläche ein.
Bevölkerung: St. Petersburg zählt 4,9 Mio. Einwohner, davon sind 91 % Russen. Die »stärkste« nationale Minderheit stellen die Ukrainer mit 3 %, gefolgt von den Weißrussen mit 2 %.
Verwaltung: Die Stadt gliedert sich in 20 Bezirke, auch die ehemaligen Vororte mit den Zarenresidenzen wie Peterhof, Lomonossow, Pawlowsk und Zarskoje Selo gehören zur Stadt.
Wirtschaft: Der große See- und Flusshafen sowie Schiffsbau, Maschinenbau, Elektro- und Bekleidungsindustrie machen St. Petersburg nach Moskau zum zweitwichtigsten Wirtschaftsstandort des Landes. Auch viele ausländische Großfirmen haben seit der Wende in der Stadt investiert.

Anreise

Mit dem Auto und Fähre

Mit dem Auto nach St. Petersburg zu fahren kann nicht empfohlen werden! Wer aber doch sein Auto braucht, reist man am besten mit dem Schiff an: Abhängig von der Jahreszeit bis zu dreimal in der Woche verkehrt der »Finnjet« der finnischen Schifffahrtslinie Silja Line zwischen Travemünde (Tel. 04 51/5 89 92 22) und Helsinki. Diese Fahrt dauert nur 24 bis 33 Stunden. Von Helsinki fährt man auf der Straße über Wyborg nach St. Petersburg.

Drei Schiffe verkehren regelmäßig zwischen Petersburg und Kiel: die »Transrussia« (Do 11 Uhr ab SPB, So um 11 Uhr in Kiel), die »Translubeca« (Mi 22 Uhr ab SPB, Sa 8 Uhr in Kiel), die »Greifswald« (Sa ab 22 Uhr, Di 8 Uhr in Kiel). Billig ist die Reise nicht, doch man kann auf diese Art ein Auto mitnehmen. Auskunft: Seatraffic Tel. 0431/209 43 62/3, Fax 209 43 61, oder Baltic Line in SPB Tel. 322 16 16, Fax 325 66 11, www.baltics.ru.

Mit dem Flugzeug

Von allen großen Flughäfen Deutschlands, Österreichs und der Schweiz gibt es Verbindungen nach St. Petersburg. Die Flugzeit beträgt zweieinhalb bis drei Stunden. Maschinen aus dem Ausland landen in St. Petersburg in der Regel auf dem internationalen Flughafen Pulkowo I oder II, der 17 km südlich vom Zentrum liegt (www.pulkovo.ru).

In der Halle kann man bei dem Taxi-Dispatcher eine Fahrt ins Zentrum buchen (30 €). Preiswerter kommt der Reisende mit den Aeroflot-Express-Bus ins Zentrum. Der Linienbus N 113, N 213 (Pulkowo II) oder K 39A (Pulkowo I) verkehrt zwischen dem Flughafen und der Metrostation Moskowskaja.

Mit dem Zug

Die Fahrt ist lang – etwa 35 Stunden – und anstrengend. Eine tägliche und direkte Verbindung gibt es von Berlin-Lichtenberg (nur im Sommer, bis Ende September). Dieser Schlafwagenzug fährt über Warschau und das Baltikum. Auch ab Köln gibt es eine tägliche Direktverbindung (Kurswagen, je nach Saison auch Liegewagen, die in Brest abgekoppelt werden). Dann geht die Route über Orscha und Witebsk.

Keine Direktverbindungen existieren zwischen Wien oder Zürich und St. Petersburg. Wer in Wien abfährt, muss in Warschau umsteigen. Ab Zürich führt die kürzeste Route über Berlin (mit dem ICE). Dort steigt der Reisende in den Schlafwagenzug ab Berlin-Lichtenberg (Fahrtzeit ca. 48 Stunden).

Züge aus dem Westen kommen am Baltischen, Warschauer oder Witebsker Bahnhof an (aus Finnland auf dem Finnischen Bahnhof). Vor allen Bahnhöfen warten Taxis auf die Reisenden. Nur Einheimische können hier noch den Fahrpreis in Rubel aushandeln. Vom Baltischen und Witebsker Bahnhof sind es nur ein paar Schritte zu den Metrostationen Baltijskaja und Puschkinskaja. Den Warschauer Bahnhof verbinden die Straßenbahnlinien 2 und 43 mit den Metrostationen Frunsenskaja oder Baltijskaja. Wenn man auf dem Finnischen Bahnhof ankommt, kann man an der Station Ploschtschad Lenina die Metro in Richtung Innenstadt nehmen.

Auskunft

In Deutschland

Russisches Verkehrsbüro; Dudenstr. 78; 10965 Berlin; Tel. 030/78 60 00 40; Fax 030/78 60 00 41; www.russland-info.de

In Petersburg

Städtisches Touristenbüro

→ S. 120, C17

Садовая ул. 14/52; Дворцовая пр. 12 (Sadowaja ul. 14/52 und Dworzowaja pl. 12); Tel. 3 10-82 62, 3 10-22 31/ Fax 3 10-28 22, www.ctic.spb.ru; Metro: Newskij Prospekt/Gostinyj Dwor (c 3)

Hamburger Club; nab. Reki Fontanka 21; Tel. 1 17-40 92; Metro: Newskij Prospekt/Gostinyj Dwor

Der Club ist aus der Städtepartnerschaft mit Hamburg entstanden und vermittelt Kontakte mit Petersburgern, auch Geschäftskontakte.

Russland-Reisen-Veranstalter

Gruppen-, aber auch Einzelreisen vermittelt der CVJM-Reisedienst. Sie bieten auch Privatunterkünfte und Aufenthalte mit Sprachkursen an. Große und langjährige St.-Petersburg-Erfahrung.

An der Alster 40, 20099 Hamburg; Tel. 0 40/2840 9570, Fax 2 80 20 1; www.cvjm-russlandreisen.de

Buchtipps:

Nabokov, Vladimir: Erinnerung sprich, Rowohlt-Verlag, Reinbek bei Hamburg 1991

In Nabokovs Erinnerungen wird die Vergangenheit wieder lebendig: das vorrevolutionäre Petersburg, das er als Junge erlebt hat. Ein guter Einstieg für einen Besuch der Stadt.

Schinkarjow, Wladimir: Maxim und Fjodor, Berlin-Verlag, Berlin 1998

Petersburger Lebensphilosophien auf leichte und ironische Art und Weise erzählt von einem Mitglied der Mitki, einer Künstlergruppe. Das Buch lässt den Leser hinter die historischen Kulissen des imperialen St.Petersburg schauen.

Schulze, Ingo: 33 Augenblicke des Glücks, Berlin-Verlag, Berlin 1995

Erlebte und erdachte Episoden eines Deutschen in Petersburg. Die Geschichten werden mit viel Humor und scharfem Blick erzählt.

Diplomatische Vertretungen

In Deutschland

Botschaft der Russischen Föderation Unter den Linden 63-65, 10117 Berlin; Tel. 030-229 11 10, 229 11 29, Fax 030-229 93 97; www.russische-botschaft.de; Konsularabt. (für Visa), Behnrenstr. 66; Tel. 030-229 12 07, Fax 030- 229 00 35, e-mail: russembassy@trionet.de

Generalkonsulate

Waldstr. 42, 53177 Bonn; Tel. 0228/31

MERIAN-Tipp

8 Die Seele Petersburgs

In seinem gleichnamigen Buch, das schon 1922 erschien, flaniert Nikolai Anziferow durch die Newa-Metropole. Ihm ist ein literarischer Reiseführer gelungen, mit dem man die Stadt verstehen und lieben lernt. Ein Lesegenuss! **Nikolai Anziferow:** Die Seele Petersburgs, Carl Hanser Verlag, München, Wien 2003

20 85; Fax 0228/31 15 63; konsulat@russische-botschaft.de

Am Feenteich 20, 22085 Hamburg;
Tel. 040/229 52 01, 229 53 01;
Fax 040/229 77 27; general.konsulathamburg@debitel.net

Kickerlingsberg 18, 04105 Leipzig;
Tel. 0341/590 29 23
Fax 0341/564 95 89; rusgenkon_leipzig@t-online.de

Seidlstr. 28, 80335 München;
Tel. 089/59 25 28, 59 25 03;
Fax 089/550 38 28

In Österreich

Botschaft der Russischen Föderation
Reisnerstr. 45–47, 1030 Wien; Tel. 01/7 12 32 29, Fax 01/712 33 88

In der Schweiz

Botschaft der Russischen Föderation
Brunnadernrain 37, 3006 Bern;
Tel. 0 31/3 52 05 66, e-mail: rusbotschaft@dplanet.ch

In Russland

Generalkonsulat der Bundesrepublik Deutschland → S. 112, A 11
Furschtatskaja ul. 39, 191 123 St. Petersburg; Tel. 327-24 00, Fax 327-31 17; www.german-consulate.spb.ru; Metro: Tschernyschewskaja
Konsulat Österreichs
Furschtatskaja ul. 43, Tel. 275-05 02, Fax 275-11 70, Metro: Tschernyschewskaja.
Konsulat der Schweiz → S. 121, E19
ul. Marata 11, Tel. 325-09 79, e-mail: swisscgpsb@peterlink.ru, Metro: Majakowskaja

Feiertage

Fällt ein gesetzlicher Feiertag auf einen Donnerstag, sind auch der darauf folgende Freitag und Samstag arbeitsfreie Tage.

1. Jan.	Neujahr
7. Jan.	orthodoxes Weihnachtsfest
23. Febr.	Tag der Armee (Männertag)
8. März	Internationaler Frauentag
2. April	Tag der Völkereinheit
1./2. Mai	Tag der Arbeit/Frühlingsfest
9. Mai	Tag des Sieges über Deutschland im Zweiten Weltkrieg
12. Juni	Tag der Unabhängigkeit (Souveränität Russlands)
7. Nov.	ehem. Tag der Oktoberrevolution 1917, jetzt: Tag der Eintracht und Versöhnung
12.	Dezember Tag der Verfassung

Für Geschäftsreisende ist es sehr wichtig zu beachten: Zwischen dem 1. und 13. Januar und dem 1. und 10. Mai wird in einigen Betrieben nicht gearbeitet!

MERIAN-Tipp

9 Ostern

Das Osterfest ist das höchste Fest der orthodoxen Kirche und findet 5 Wochen nach dem westlichen Osterfest statt. Am Karsamstag wird um Mitternacht die Kirche festlich geschmückt und erleuchtet, und der Gesang der Popen verkündet frohe Botschaft: Christus ist auferstanden. Davor finden Prozessionen zur Kirche statt mit Ikonen, Kerzen und Hymnen-Sängern. Der nächtliche Gottesdienst dauert mehrere Stunden mit wunderbarer Chormusik.

Am Ostersonntag warten die Gläubigen vor den Kirchen mit Brot und Ostereiern auf den Segen des Popen. Danach werden die gesegneten Eier zu den Gräbern von Familienangehörigen mitgenommen und dort auf dem Grab eine Art Picknick veranstaltet. Oder man isst die gesegneten Eier zu Hause mit Freunden und Verwandten.

Fundbüro

→ S. 111, F 7

Sacharewskaja ul. 19; Tel. 278-36 90

Geld

Bei der Einreise nach Russland muss das gesamte Geld in der Zollerklärung deklariert werden. Überall in der Stadt gibt es Wechselstuben und Geldautomaten, an denen Sie mit Maestro-Karten oder Kreditkarten Bargeld bekommen.

Internet

Allgemeine Reiseinfos:

www.petersburg-russia.com
Reisetipps für die Stadt (deutsch und englisch).

www.spb.ru
Offizielle Site von St. Petersburg mit vielen Links, Tipps und Infos (russisch und englisch).

www.government.spb.ru
Offizielle Homepage der Stadtregierung von St. Petersburg (russisch und englisch).

www.city-guide.ru
Gute Infos über die Stadt, englischsprachig.

www.travel.spb.ru
Tipps zur Stadt, Links für Reisende (englisch).

Kriminalität

Die Kriminalität in St. Petersburg ist nicht größer als in jeder anderen Weltmetropole: in Hamburg, Paris oder Rom. Es gibt in unserer modernen Welt kein Reisen ohne Risiken. Der Tourismus tut der Stadt gut. Das merkt auch die Bevölkerung. Man behandelt die Touristen dementsprechend freundlich und ist hilfsbereit.

Die berühmt-berüchtigte Mafia existiert zwar, als Tourist bekommen Sie davon aber meistens nichts mit. Wenn es etwas zu beachten gilt, dann höchstens Diebstähle von Kleinkriminellen. Das heißt, dass Sie Ihre Wertgegenstände nicht offen zur Schau stellen sollten und nicht alleine nachts in entfernten Bezirken oder unbekannten Gassen unterwegs sein sollten. Auch das Gepäck sollte nicht unbeaufsichtigt gelassen werden.

In Clubs kann Ihnen ebenfalls nichts passieren, denn die meisten sind mit gutem Security-Personal ausgestattet. Am besten Sie kennen jemanden, der Sie abholt, oder Sie bestellen sich ein Taxi.

Kultur

www.st-p.com
Russische Bücher, zum Stöbern und Bestellen (nur russisch).

www.mostrec.de
Deutschsprachige Homepage über neueste Musiktrends und Konzerte russischer Gruppen.

www.art.internord.ru/cult/theatre
Ausführlicher Theaterführer (nur russisch).

www.pinkrus.ch
Schweizer Buchhandlung, spezialisiert auf russischsprachige Bücher, online-Bestellungen (russisch/deutsch).

Medizinische Versorgung

Wer ein bestimmtes Medikament täglich einnehmen muss, sollte es sich

Nebenkosten in Euro
(umgerechnet in €)

1 Tasse Kaffee	1,00–2,00
1 Bier	1,50–2,50
1 Cola	ca. 1,50
1 Brot (ca. 500 g)	1,00–1,50
1 Schachtel Zigaretten	0,50–1,00
1 Liter Benzin	0,50–1,00
Fahrt mit öffentl. Verkehrsmitteln (Metroticket)	0,30
Mietwagen/Tag	ab 70,00

Wechselkurse

Rubel	Euro	Franken
1	0,03	0,04
5	0,14	0,21
10	0,27	0,42
30	0,82	1,26
50	1,36	2,11
100	2,73	4,22
250	6,82	10,54
500	13,64	21,08
750	20,46	31,62
1000	27,00	42,00
2000	55,00	84,00
3000	82,00	126,00
5000	136,00	211,00

Stand: Januar 2005

vorsorglich in ausreichenden Mengen von zu Hause mitnehmen. Vor der Reise muss eine Auslandskrankenversicherung abgeschlossen werden.

Bei leichten Erkrankungen hilft man Ihnen direkt an der Rezeption Ihres Hotels. In schweren Fällen stehen folgende Einrichtungen zur Verfügung:

American Medical Clinic → S. 118, A 15

24 Std. tgl. geöffnet, ambulante medizinische Versorgung!

наб. реки Мойки 78 (nab. Reki Mojki 78); Tel. 1 40-20 90, www.amclinic.ru; Metro: Sadowaja (b 4)

International Clinic → S.121, E18

24 Std. tgl. geöffnet: ambulante Versorgung, 30 Betten, Labor und Zahnärzte.

ул. Марата 6 (ul. Marata 6); Tel. 3 36-33 33, www.icspb.ru; Metro: Majakowskaja (d 3)

Notruf

Feuer: 01
Polizei: 02
Notarzt: 03

Post

In der Stadt wirft man auswärtige Briefpost in die blauen, innerrussische Sendungen in die roten Briefkästen, doch bis Post im Westen ankommt, sind Sie eventuell von der Reise schon zurück.

Zentrales Postamt → S. 119, D 14

Auf dem zentralen Postamt kann man auch faxen, telefonieren und Geld wechseln.

Potschtamtskaja ul. 9, nahe Isaaks-Platz; tgl. 8–20, So 10–18 Uhr

Reisedokumente

Für St. Petersburg brauchen Sie lediglich einen gültigen Reisepass und ein Visum, das Ihnen die Russische Botschaft oder ein Generalkonsulat in Ihrem Heimatland gegen eine Gebühr erteilt. Besorgen Sie sich dort (schneller geht es über Reisebüros) ein Antragsformular und senden Sie es ausgefüllt zusammen mit Ihrem Pass und drei Passfotos an die Visa-Abteilung der Russischen Botschaft oder des Generalkonsulats. Für ein Touristenvisum benötigen Sie eine Hotelbestätigung. Sie sollten es mindestens drei Wochen vor Ihrer Abreise beantragen.

MERIAN-Tipp

10 Banja

Die Russen lieben es, in die Banja (Sauna) zu gehen. Die Banja ist mehr als ein Badehaus. Ihr Besuch ist ein Ritual: Geschäftspartner lädt man in die Banja, aber auch mit Freunden gehen Männer (vor allem) in die Banja. Einmal sollte jeder Besucher in einer Banja gewesen sein.

Jamskije Banji; ul. Dostojewskowo 9; tgl. 8–21 Uhr; Metro: Dostojewskaja/Wladimirskaja → S. 121, E 19

Banja Fok Wostok; Malaja Posadskaja ul. 28; Mi–So 8–21 Uhr; Metro: Gorkowskaja → S. 114, A 5

Auch der Herbst mit seinem bunten Laub kann eine reizvolle Reisezeit sein.

Reiseknigge

Der bekannteste postsowjetische Schriftsteller Russlands Viktor Jerofejew sagte in einem Spiegel-Interview (12/2004): »Sie müssen Russland so nehmen, wie es ist. Fährt ein Westler in ein afrikanisches Dorf respektiert er doch auch die Bräuche dieses Dorfes. Uns aber messt ihr mit eurer Elle – vielleicht, weil wir weiß aussehen und euch damit ähneln. Äußerlich sind wir Weiße, sicher, aber im Inneren auch ein wenig schwarz oder von eher undefinierbarer Farbe. Ihr solltet aufhören, euch darüber zu wundern.« Jerofejew meint, dass trotz aller Verwestlichung entscheidende Mentalitätsunterschiede bestehen. So gehören Pünktlichkeit und Zuverlässigkeit nicht unbedingt zu den Primärtugenden der Russen. »Sejtschas« ist eines der Lieblingswörter und es bedeutet »gleich«, das kann gleich sein, aber es kann auch durchaus eine Stunde später passieren. Warten, Geduld und »wsjo budjet« (wird schon) bestimmen den Lebensrhythmus.

Die Gastfreundschaft der Russen ist eine besondere. Eine Einladung bei Geschäftspartnern oder Freunden ist ein Ereignis, das meist bis in die Nacht dauert. Als Gast ist es üblich, Blumen oder etwas anderes mitzubringen. Bei Essen werden leere Teller als Aufforderung zum Nachlegen verstanden. Schuhe werden in privaten Wohnungen immer ausgezogen. In Restaurants wartet man, bis man einen Platz zugewiesen bekommt, und Mäntel und Jacken werden an der Garderobe abgegeben.

Reisewetter

Einen ganz besonderen Zauber entfaltet Petersburg in der Zeit der »Weißen Nächte« im Juni, wenn es nur für eine knappe Stunde dämmert. Erst Mitte Mai beginnt hier der Frühling, und viele reizvolle Unternehmungen sind erst dann möglich. Im Sommer sollten Sie unbedingt ein Mückenschutzmittel in Ihrem Reisegepäck mitführen. Liebhabern von Museen, Konzerten und dem Theater kann natürlich auch der Winter empfohlen werden.

Sport und Fitness

Eislauf → S. 112, nördl. C 1
Eislaufbahn; Aptekarskij pr. 16; tgl. 11–23 Uhr; Metro: Petrogradskaja

Stadion mit zwei Eislaufbahnen, Flutlichtanlage, Musik, Kinderprogramm und Café. Schlittschuhe können ausgeliehen werden.

Fitness → S. 121, D 19

Factory; Rasjeschaja ul. 21; Tel. 346-80 33; Mo–Fr 7–23 Uhr, Sa/So 10–21 Uhr; Metro: Wladimirskaja/Dostojewskaja

Nicht weit vom Newskij befindet sich dieses Fitnesscenter mit Sauna.

Solarium → S. 121, A 1

Galaxy, Petrowskij Stadion; Petrowskij Ostrow 2; Tel. 119-57 41
Mo–Fr 8–23 Uhr, Sa/So 10–22 Uhr; www.galaxyc.boom.ru; Metro: Sportiwnaja

Das größte Finesscenter liegt im Sportzentrum auf der Petrograder Seite. Hier kann man seinen Body stylen. Mit Sauna und Pool, Solarium und Massagen.

Joggen

Zum Joggen bieten sich vor allem die großen Parks außerhalb der Stadt an, z. B. auf den Inseln im Norden, aber auch im Zentrum sind der Michailowski-Park und der Sommergarten geeignet.

Tennis → S. 115, südl. F 16

Tennisclub Gloria; tgl. 8–22 Uhr; Metro: Park Pobedy; Tennisclub, in dem auch Nichtmitglieder spielen können: 7 offene Plätze und 3 Hallenplätze.

Kusnetzowskaja ul. 25 im Park Pobedy; www.spb-tennis.ru

Stadtrundfahrten

Individualtouristen sollten sich eine Stadtrundfahrt über das Hotel organisieren lassen. Auskünfte über Stadtführungen:

Balt Express: ul. Wosstanija 6, Tel. 327-08 81, www.betours.spb.ru, Metro: Majakowskaja/Pl. Wosstanija

→ S. 121, F 18

Hier werden Führungen und Exkursionen auch für Individualtouristen organisiert, ebenfalls im Angebot: Fischen und Jagen.

Ost-West Kontaktservice Ltd: Newskij pr. 105, Tel. 327-34 16,www.ostwest.com, tgl. 10–18 Uhr, außer Sa und So, Metro: Newskij Prospekt

Dieses Servicebüro hilft bei der Visabeschaffung und Unterkunft, organisiert Exkursionen und Theatertickets.

Strassenhandel

Basare und Handelsplätze und die zahllosen Kleinhändler gehören seit der Auflösung der Sowjetunion zum Petersburger Stadtbild, wenn sie auch immer stärker an den Stadtrand verdrängt werden. Viele Rentnerinnen sichern ihr Überleben, indem sie im Großhandel Stangen von Zigaretten erstehen, um sie päckchenweise mit gutem Aufschlag an Metrostationen und Bahnhöfen zu verkaufen.

Stromspannung

220 Volt Wechselspannung, es empfiehlt sich aber, einen Adapter mitzunehmen, da Schukostecker nicht in die Steckdosen passen.

Telefon

Vorwahlen

St. Petersburg → D 8-10-49
St. Petersburg → A 8-10-43
St. Petersburg → CH 8-10-41
Nach dem Wählen der 8 müssen Sie das Freizeichen abwarten.
D, A, CH → St. Petersburg 007-812

Trinkgeld

In Restaurants werden etwa 10 % der Rechnungssumme erwartet. Auch die Garderobieren – meist Rentnerinnen – in Restaurants und Theatern freuen sich über ein kleines Trinkgeld.

Verkehrsverbindungen

Öffentliche Verkehrsmittel

Die 1955 eröffnete Petersburger Metro ist mit einigen von Künstlern gestalteten Stationen nicht nur eine Sehenswürdigkeit, sondern auch ein technisches Glanzstück. Da die Stadt

LIEBER GUT GEFÜHRT ALS DUMM GELAUFEN.

MOBILE NAVIGATION MIT REISEFÜHRER BEI WWW.MERIAN.DE

MERIAN | live! | guide | kompass | scout | map

Mit smart2go™ geht's einfach los: Speicherkarte ins Smartphone oder den Pocket PC stecken, den mitgelieferten GPS-Empfänger aktivieren und schon läuft die mobile Navigation. MERIAN *scout* macht Ihren Personal Navigator auch zum Reiseführer! Die besten Restaurants, Hotels, Tipps zu Designer und Factory Outlets – schon alles drin im smart2go™ Paket. Mehr Informationen und den Shop finden Sie unter **WWW.MERIAN.DE**

MERIAN *scout*
Die Lust am Reisen

auf sumpfigem Gelände errichtet wurde, konnten die Tunnels nur in der darunter liegenden Tonschicht gebaut werden.

Der ausländische Gast kann sich an Hand eines Stadtplans und des Metroplans (→ Umschlagkarte hinten) gut orientieren. Achten Sie darauf, dass Sie eine Metrostation durch die Tür mit der Aufschrift вход (Eingang) betreten. Nach den Rolltreppen zeigen erleuchtete Richtungsschilder an, von welchen Bahnsteigen die einzelnen Linien abfahren. Sie verzeichnen meistens sämtliche Stationen, allerdings nur in Kyrillisch. Wenn Sie die Metro verlassen wollen, folgen Sie dem Schild выход в город (Ausgang zur Stadt), müssen Sie umsteigen, achten Sie auf Переход.

Metro, Busse und Straßenbahnen verkehren von 5.30 Uhr morgens bis 1 Uhr nachts. Vermeiden Sie die Stoßzeiten zwischen 7 und 9 Uhr sowie 16 und 18 Uhr.

Kaufen Sie sich eine Halbmonatskarte – ein Einzelfahrschein berechtigt nicht zum Umsteigen –, und orientieren Sie sich an Ihrem Stadtplan.

Mit dem Taxi

Offizielle Taxis sind knallgelb. Wenn es einem gelingt, ein Taxi anzuhalten, heißt das aber noch lange nicht, dass man mitgenommen wird. Nicht nur der Preis muss ausgehandelt werden, wenn dem Fahrer das Fahrtziel unpassend erscheint, lehnt er ab. Die Taxis vor den Hotels fahren nur zu überhöhten Preisen. Deswegen sollten Sie ein Taxi etwas abseits anhalten! Taxibestellung: Tel. 312-00 22, 210-76 00 (nur russisch), Tel. 277-40 32, 274-20 60 (auch englisch, aber teurer).

Neben offiziellen Taxis ist es üblich, per Handzeichen irgendein Auto anzuhalten: Man nennt das Fahrtziel, handelt den Preis aus. Nur einsteigen, wenn der Fahrer allein im Auto sitzt.

Zu Fuß

Wer St. Petersburg wirklich kennen lernen will, der muss laufen! Eine Besichtigung der ältesten Stadtteile mit ihren berühmtesten Kulturdenkmälern, ihren Palästen und schönen Gärten ist zu Fuß durchaus zu bewältigen.

Zeitungen

Die »St. Petersburg Times« informiert ausführlich in Englisch über die politischen, wirtschaftlichen und kulturellen Entwicklungen in Russland. Außerdem freitags Kulturtipps und Termine (www.sptimes.ru). Einen guten Veranstaltungskalender mit aktuellem Kinoprogramm, Theateraufführungen und Ausstellungen bietet auch die monatlich erscheinende »Where« (www.whererussia.com). Deutschsprachige und internationale Presse in großer Auswahl kann man an den Kiosken in den Luxushotels kaufen.

Zeitverschiebung

Die Petersburger Uhrzeit ist der mitteleuropäischen Zeit (MEZ) um zwei Stunden voraus.

Zoll

Bei der Einreise müssen Sie Ihre Devisen und den (echten) Schmuck deklarieren; Rubel, Waffen und Rauschgift dürfen nicht eingeführt werden. Striktes Ausfuhrverbot besteht außerdem für Antiquitäten, antiquarische Bücher und Kunstgegenstände, es sei denn, Sie haben eine Sondergenehmigung des russischen Kulturministeriums. Ebenso dürfen keine Rubel ausgeführt werden und der begehrte schwarze Kaviar nur bis zu 250 g. Ihre Zollerklärung bei der Einreise müssen Sie ebenso wie Ihr Visum sorgfältig hüten, denn beide garantieren eine problemlose Wiederausreise. Bei der müssen Sie eine zweite Zollerklärung ausfüllen, die Sie mit der Einreiseerklärung abgeben.

Kartenatlas

Orientierung leicht gemacht: mit Planquadraten und allen Orten und Sehenswürdigkeiten.

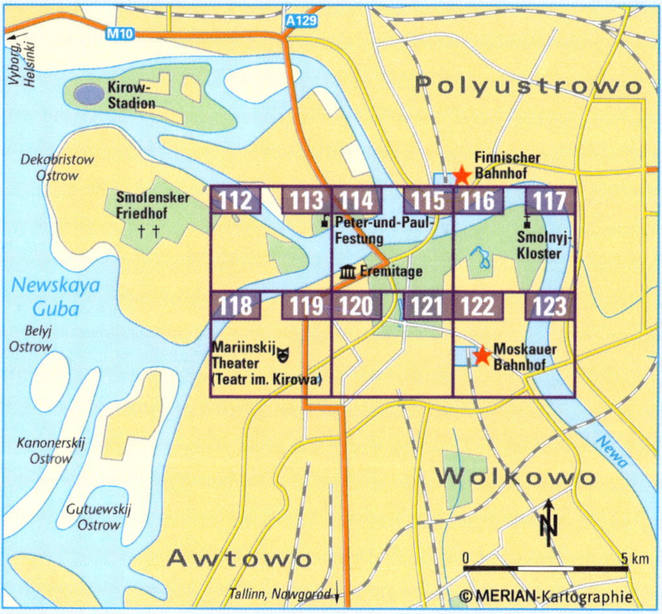

Legende

Spaziergänge

- Newskij Prospekt - von der Anitschkow-Brücke zum Schlossplatz (S. 78)
- Streifzug zum Smolnyj-Kloster (S. 82)
- Flüsse und Kanäle - Bootsfahrt durch St. Petersburg (S. 84)

Sehenswürdigkeiten

- MERIAN-TopTen
- MERIAN-Tipp
- Sehenswürdigkeit, öffentl. Gebäude
- Sehenswürdigkeit Kultur
- Sehenswürdigkeit Natur
- Kirche; Kloster
- Schloss, Burg; Ruine
- Moschee, Synagoge

Sehenswürdigkeiten ff.

- Museum
- Denkmal
- Leuchtturm
- Windmühle

Verkehr

- Autobahn
- Autobahnähnliche Straße
- Fernverkehrsstraße
- Hauptstraße
- Nebenstraße
- Unbefestigte Straße, Weg
- Fußgängerzone
- Parkmöglichkeit

Verkehr ff.

- Busbahnhof, Bushaltestelle
- Metrostation
- Bahnhof
- Schiffsanleger
- Flughafen, Flugplatz

Sonstiges

- Information
- Theater
- Markt
- Zoo
- Botschaft, Konsulat
- Aussichtspunkt
- Friedhof
- Jüdischer Friedhof

A B C

1
2
3
4

118

A B C

D
E
F
N. A. Dobroljubow
Rybackaja ul.
Bol. Puškarskaja ul.
ul. Kropotkina
ul. Voskowa
Sablinskaja ul.
Sytninskaja ul.
Sytninskaja pl.
Sytninskij rynok
Inst. Točnoj mehaniki i optiki
Kammenoos
A.M. Gorki
Gorkowska
Park im Lenina
Baltijski Dom-Teatr
Planetarij
Mjuzikholl
Vvedenskaja ul.
ul. Markina
D. Blagoew
ul. Lizy Čajkinoj
Alexandrowskij Park
Kronwerskij kanal
Kronwerk
Sjezžinskaja ul.
Tatarskij per.
Zoo
Kronwerkskij prosp.
Mytninskij per.
nab. Kronwerkskaja
Kronwerskij proliw
nab.
Wladimirskij Sobor
Domkultury
ul. Blohina
ul. Jabločkowa
Peter-und-Paul-Festung (Petropawlowskaja krepost)
Peter
Mytninskaja
Dobroljubowa
nab. Kronwerkskaja
O. Zajacij
114
Malaja Newa
Biržewoj most
Strelka
Literaturmuseum (Literaturnyj muzej)
Rostra-Säule
Biržewaja pl.
Bodenkundemus. (Muzej Počowowednja)
Tiflisskaja ul.
Biržewoj Proezd
Zentr. Kriegsmarinemus. Centralnyj voenno-morskoj Muzej
Rostra-Säule
Mendeleewskaja Linija
Zoologisches Museum
Universität
Biržewoj Proezd
Kunstkammer
Dworcowyj most
Ėrmitaž
Dvorcovaja nab.
Eremitage (Ėrmitaž)
Lomonossow-Museum
Akademie der Wissenschaften
M.V.Lomonossow
Filologič. per.
nab. r. Mojki
1
2
3
4
119
Alexander-Säule
0
200 m
N
©MERIAN-Kartographie
Dworcowaja pl.

A
B
C
Bot. Garten
Sampsoniewskij most
Bol. Posadskaja ul.
Mal. Posadskaja ul.
A.M. Gorki
Kammenoostrowskij prosp.
Gorkowskaja
Sportivnyj kompleks
Sobornaja mečet'
ul. Kujbyševa
Pen'kowaja ul.
Byv. Učiliščnyj dom im. Petra Welikogo
Panzerkreu Aurora (Krejser Av
Mus. für die polit. Geschichte Russlands (Muzej Oktjabrskoj Rewoljucii) (Osobnjak Kšešinskoj)
Haus Peters I (Muzej-domik Petra I Perwogo)
Troickaja pl.
nab. Kronwerkskaja
Petrowskaja nab.
Newa
Peter I
113
Troickij most
7
nab. Kutuzo
Sommergarten (Letnij sad)
Sommmerpalast (Letnij dworec)
Inst. Kultury im. Krupskoj
I. A. Krylow
Museum Ludwig im Marmorpalais
A. V. Suworow
Dworcowaja nab.
Sommergarten
(Letnij sad)
Fontanka
nab. r. Fontanki
Gangut
Politehničeskij institut
Millionnaja ul.
Aptekarskij per.
Kasernen
Borcam rewoljucii
nab. Lebjaž'ego Kanala
Dom Ucenyh
Mojka
Marsfeld (Marsowo Pole)
Pante
nab. r. Mojki
Puschkin-Museum
3
Konjusennaja pl.
Glinka-Kapelle
nab. r. Mojki
Bol. Konjusennaja
Fl. Subiny
Inženernyj (Mihajlowskij zamok
Hram Woskresenija Hristawa
Mihajlowskij sad
Zamkowaja ul.
Säule
Muzej-kwartira Lenina
Swedskij per.
Wolyn. per.
Griboedowa
120
Russisches Museum (Mihajlowskij dworec)
5
Peter
5
6
7
8

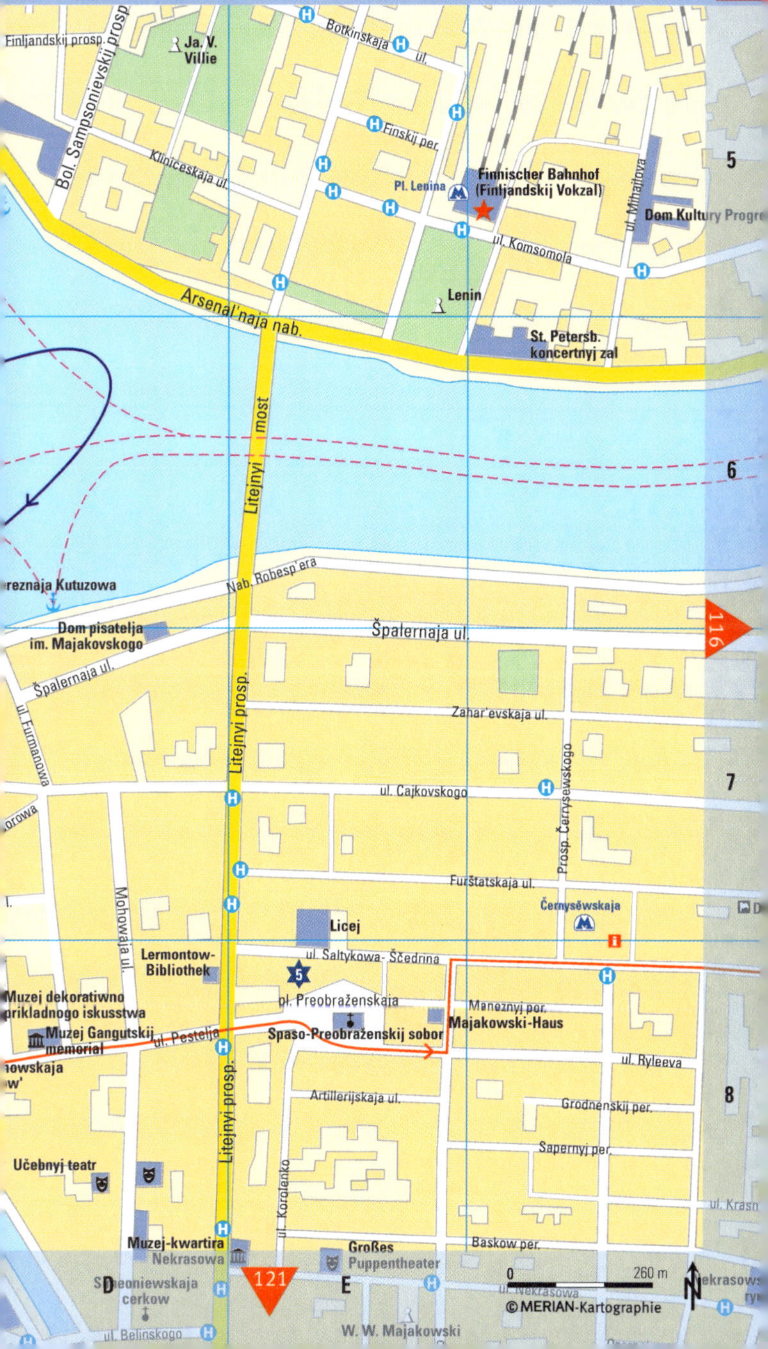

Finljandskij prosp.
Bol. Sampsonievskij prosp.
Ja. V. Villie
Botkinskaja ul.
Finskij per.
Kliniceskaja ul.
Finnischer Bahnhof (Finljandskij Vokzal)
Pl. Lenina
ul. Mihajlova
Dom Kultury Progre
ul. Komsomola
Lenin
Arsenal'naja nab.
St. Petersb. koncertnyj zal
Litejnyj most
5
6
7
8
reznaja Kutuzowa
Nab. Robesp'era
Dom pisatelja im. Majakovskogo
Špalernaja ul.
116
ul. Furmanowa
Zahar'evskaja ul.
Litejnyj prosp.
ul. Cajkovskogo
Prosp. Černyševskogo
Furštatskaja ul.
Mohowaja ul.
Černyšewskaja
Licej
Lermontow-Bibliothek
ul. Saltykowa-Ščedrina
pl. Preobraženskaja
Manežnyj per.
Majakowski-Haus
Muzej dekorativno prikladnogo iskusstwa
Muzej Gangutskij memorial
ul. Pestelja
Spaso-Preobraženskij sobor
ul. Ryleeva
Artillerijskaja ul.
Grodnenskij per.
Sapernyj per.
Učebnyj teatr
ul. Korolenko
ul. Krasn
Baskow per.
Muzej-kwartira Nekrasowa
Großes Puppentheater
121
0 260 m
ul. Nekrasowa
© MERIAN-Kartographie
W. W. Majakowski
ul. Belinskogo

A
B
C
9
10
11
12
Dom Kultury Progress
ul. Komsomola
M. W. Frunze
Kliniceskaja Bolnica
Kondrat'ewskij prosp.
A. A. Kondratew
Swerdlowskaja nab.
Arsenal'naja nab.
Orlowskaja ul.
Stawropol'skaja ul.
nab. Robesp'era
Wodoprowodnyj per.
Tawričeskaja ul.
Kavalergardskaja ul.
Tawric. pe
F. E. Dzerzinski
115
Špalernaja ul.
Potemkinskaja ul.
Wystawočnyj zal Cwety
Taurisches Palais (Tawriceskij dworec)
Twerska
Kaluzskij per.
Taurischer Garten (Gorodskoj detskij Park)
Junym gerojam oborony
Očakowskaja ul
D
Mariinskij per.
Saltykowa-Ščedrina
Suworow-Museum (Woenno-istoriceskij muzej-im. Suworowa)
Suworowskij prosp.
Jaroslawsk
Paradnaja ul.
ul. Krasnoj Svjazi
Fontannaja ul.
Degtjarnyj
Nekrasowskij rynok
122

D
E
F
9
10
11
12
Swerdlowskaja nab.
Smol'naja nab.
Newa
Orlowskaja ul.
ul. Smol'nogo
Wystawočnyj zal
Soljuza Hudožnikow
Smolnyj-
Kloster
Auferstehungs-
Kathedrale
pl. Rastrelli
Koncertno-Wystawocnyj
Kompleks
Smolnyj-
Institut
per. Kwarengi
ul. Proletarskoj Diktatury
F. Engels
Al. Smol'nogo
W. I. Lenin
Karl
Marx
Smol'nyi pr.
Lenin-Wohnmuseum
(Muzej-kvartira
Lenina)
Muzej-kwartira
Kozlowa
Smol'nyi prosp.
Bol'seohtinskij prosp.
Prosp. Saumjana
Swerdlowskaja nab.
Tul'skaja ul.
Bol'seohtinskij most
Nowgorodskaja ul.
ul. Krasnogo Tekstil'ščika
Krasnogwardejskij prosp.
ul. Pomjalowskogo
0
280 m
N
D
E
123
© MERIAN-Kartographie

A
B
C
112
13
14
15
16
Bol'soj prosp.
Wasileostrowskij rynok
pl. Ševčenko
Obelisk Rumjancev
Akademie der Künste (Muzej Akademii Chudozestw)
12 i 13 Linii
14 i 15 Linii
16 i 17 Linii
I. F. Kruzenšternu
most Lejtenanta Šmidta
nab. Lejtenanta Šmidta
Stele Aurora
Muzej istorii S.-Petersburga
Byw. Nil dworec
Gorodskoe bjuro èkskursij
nab. Admiraltejskogo kan.
Admiraltejskij kan.
nab. Krjukova kanala
O. Nowoadmiraltejskij
O. Nowaja Gollandija
Mojka
nab. r. Mojki
ul. Pisarewa
Inst. fizičeskoj kultury
per. Matveeva
Prosp. Maklina
ul. Dekabristow
Masterskaja ul.
Minskij per.
Sinagoga
ul. A. Bloka
Perewoznaja ul.
Muzej-Kwartira Bloka
ul. Sojuza Pečatnikow
Lermontowskij prosp.
Prjažki
nab. r. Prjažki
ul. W. Ermaka
Drowjanoj per.
Prosp. Rimskogo-Korsakowa
kan. Griboedowa
Mjasnaja ul.
Vitebskaja ul.
Pskowskaja ul.
A
B
C

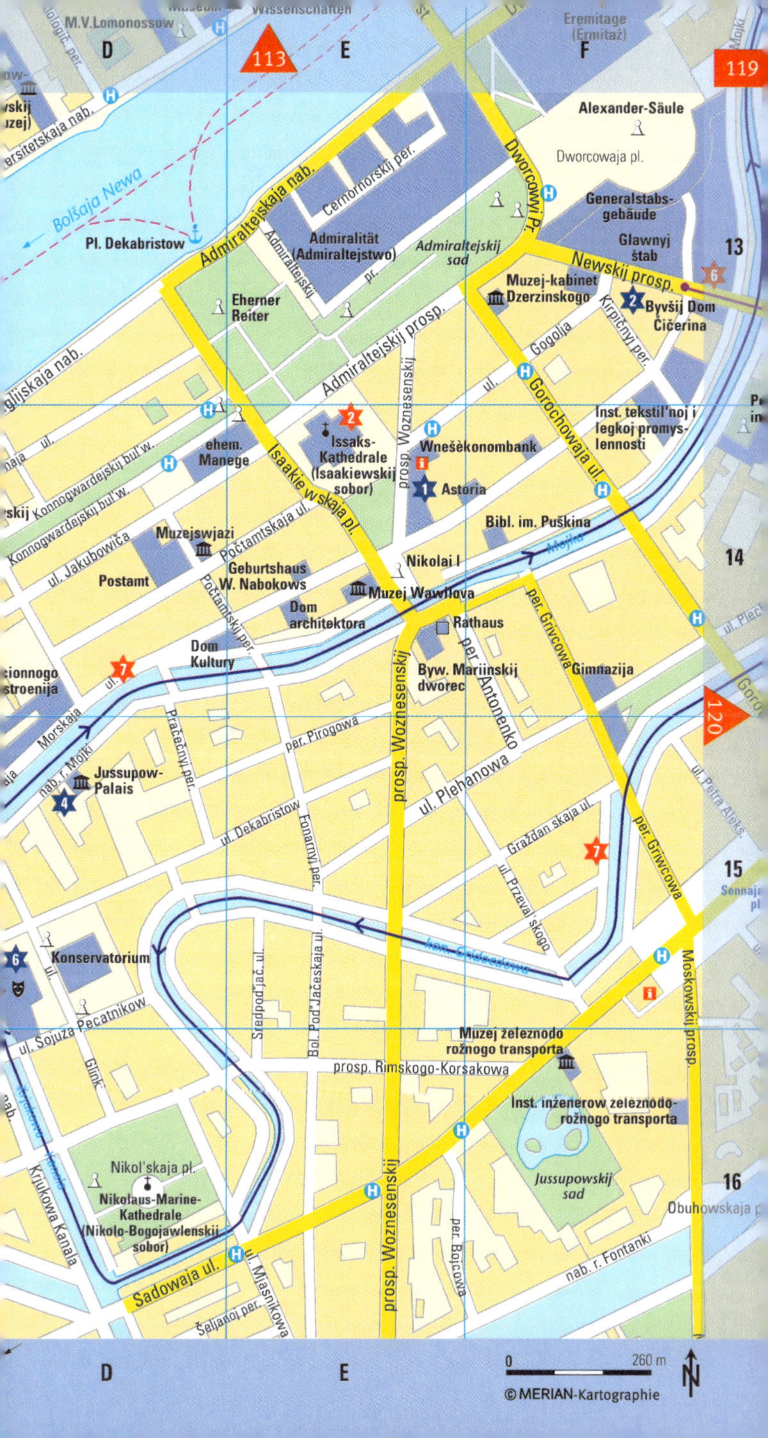
113
D
E
F
M.V.Lomonossow
Eremitage (Ermitaž)
Alexander-Säule
Dworcowaja pl.
Generalstabs-gebäude
Glawnyj štab
Dworcowyj Pr.
Newskij prosp.
Bolšaja Newa
Pl. Dekabristow
Admiraltejskaja nab.
Černomorskij per.
Admiralität (Admiraltejstwo)
Admiraltejskij pr.
Admiraltejskij sad
Muzej-kabinet Dzerzinskogo
Byvšij Dom Čičerina
Kirpičnyj per.
Gogolja ul.
Ehener Reiter
Admiraltejskij prosp.
Gorochowaja ul.
Inst. tekstil'noj i legkoj promyslennosti
Issaks-Kathedrale (Isaakiewskij sobor)
prosp. Woznesenskij
Wnešèkonombank
Astoria
ehem. Manege
Isaakiewskaja pl.
Konnogwardejskij bul'w.
Bibl. im. Puškina
Muzejswjazi
Počtamtskaja ul.
Nikolai I
ul. Jakubowiča
Postamt
Geburtshaus W. Nabokows
Muzej Wawilova
Dom architektora
Rathaus
per. Grivcowa
Počtamtskij per.
Dom Kultury
Byw. Mariinskij dworec
per. Antonenko
Gimnazija
Mojka
Morskaja ul.
nab. r. Mojki
Jussupow-Palais
Pračečnyj per.
per. Pirogowa
prosp. Woznesenskij
ul. Plehanowa
ul. Dekabristow
Fonarnyj per.
Graždanskaja ul.
per. Griwcowa
ul. Przewal'skogo
ul. Petra Aleks.
Sennaja pl.
Konservatorium
kan. Griboedowa
Moskowskij prosp.
Sredpodjač. ul.
Bol. Pod'Jačeskaja ul.
ul. Sojuza Pečatnikow
Glinki
Muzej železnodorožnogo transporta
prosp. Rimskogo-Korsakowa
Inst. inženerow železnodorožnogo transporta
Nikol'skaja pl.
Nikolaus-Marine-Kathedrale (Nikolo-Bogojawlenskij sobor)
Jussupowskij sad
Obuhowskaja pl.
Krjukowa Kanala
Sadowaja ul.
ul. Mjasnikowa
per. Bojcowa
nab. r. Fontanki
Šeljanoj per.
13
14
15
16
120
0
260 m
© MERIAN-Kartographie

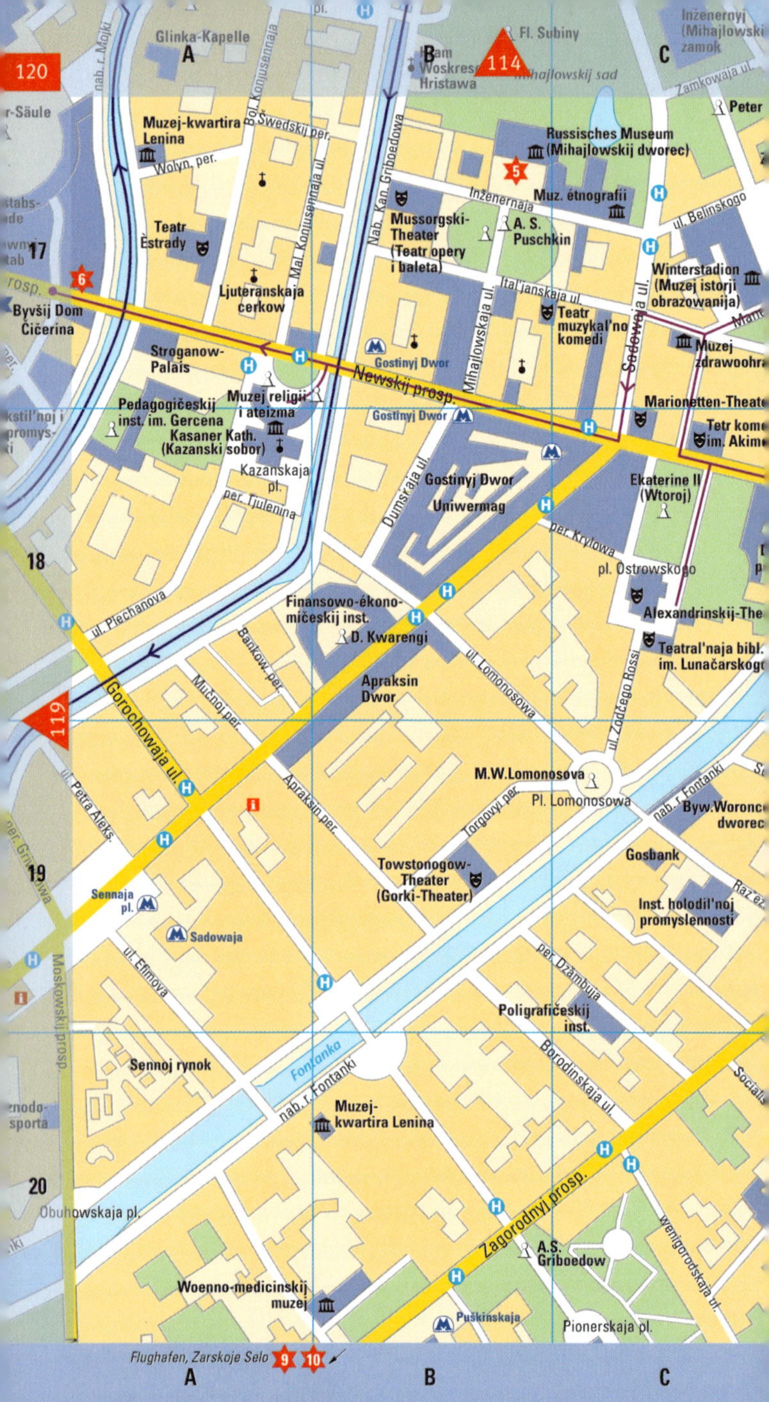
A
B
C
114
119
17
18
19
20
Glinka-Kapelle
Fl. Subiny
Inženernyj (Mihajlowskij zamok)
Hram Woskresenija Hristawa
Mihajlowskij sad
Zamkowaja ul.
Peter
nab. r. Mojki
Bol. Konjusennaja
Švedskij per.
Muzej-kwartira Lenina
Wolyn. per.
Mal. Konjusennaja ul.
Nab. Kan. Griboedowa
Russisches Museum (Mihajlowskij dworec)
5
Inženernaja
Muz. ètnografii
ul. Belinskogo
Teatr Èstrady
Mussorgski-Theater (Teatr opery i baleta)
A. S. Puschkin
Ital'janskaja ul.
Winterstadion (Muzej istorji obrazowanija)
Ljuteranskaja cerkow
Teatr muzykal'noj komedi
Sadowaja ul.
6
Byvšij Dom Cičerina
Stroganow-Palais
Gostinyj Dwor
Newskij prosp.
Mihajlowskaja ul.
Muzej zdrawoohra
Muzej religii i ateizma
Pedagogičeskij inst. im. Gercena
Kasaner Kath. (Kazanski sobor)
Gostinyj Dwor
Marionetten-Theater
Tetr kome im. Akime
Kazanskaja pl.
per. Tjulenina
Dumskaja ul.
Gostinyj Dwor
Uniwermag
Ekaterine II (Wtoroj)
per. Krylowa
pl. Ostrowskogo
ul. Plechanowa
Finansowo-èkonomičeskij inst.
D. Kwarengi
Alexandrinskij-Theater
Bankow per.
Mučnoj per.
Apraksin Dwor
ul. Lomonosowa
Teatral'naja bibl. im. Lunačarskogo
ul. Zodčego Rossi
Gorochowaja ul.
M.W.Lomonosova
Pl. Lomonosowa
ul. Petra Aleks.
Apraksin per.
Torgowyj per.
nab. r. Fontanki
Byw.Woroncowskij dworec
Gosbank
Towstonogow-Theater (Gorki-Theater)
Sennaja pl.
Sadowaja
Inst. holodil'noj promyslennosti
ul. Efimowa
Moskowskij prosp.
per. Džambuja
Poligrafičeskij inst.
Sennoj rynok
Fontanka
nab. r. Fontanki
Borodinskaja ul.
Muzej-kwartira Lenina
Obuhowskaja pl.
Zagorodnyj prosp.
A.S. Griboedow
Woenno-medicinskij muzej
Puškinskaja
Pionerskaja pl.
Flughafen, Zarskoje Selo
9
10

Ucebnyj teatr
D
115
E
F
ul. Krasn
121
Muzej-kwartira
Nekrasowa
Großes
Puppentheater
Baskow per.
Simeoniewskaja
cerkow
ul. Nekrasowa
Nekrasow
W. W. Majakowski
ul. Belinskogo
Ozernoj per.
Kowenskij per.
ul. Čehowa
ul. Majakowskogo
Teatr dramy
i komedii
Kostel
17
Achmatowa-
Museum
ul. Radiščewa
Ligowskij pr.
Dom
Kino
ul. Žukowskogo
Dom Družby
i Mira
Gorodskaja Bol'n.
Litejnyj prosp.
per. U. Gromowoj
Muzej Oktjabrskoj
železnoj dorogi
Dom
Žurnalista
itschkow-
Palais
Belosselski-
Beloserski-
Palais
Newskij prosp.
6
ul. Wosstanija
Gimnazija
Orlowskij per.
18
Bibl. im.
Majakowskogo
Pl. Wosstanija
Majakowskaja
1. Sowetskaja ul.
Vladimirskij prosp.
Stremjannaja ul.
Pl. Wosstanija
Musicaltheater
für Kinder
Grafskij per.
Teatr im.
Lensoweta
Moskauer
Bahnhof
122
Pl. Wosstanija
(Moskowskij
Woksal)
Teatr narodn.
worčestwa
Dmitrov. per.
Powarskoj per.
ul. Puškinskaja
Ligowskij prosp.
Dostoewskaja
Kolokol'naja ul.
Wladimirskaja cerkow
7
Arktis-Antarktis-
Museum
Kuznečnyj per.
Wladimirskaja
19
ul. Rubinsteina
Zagorodnyj prosp.
ul. Moskowskaja
1
Kusnetschnyj
rynok
Dostojewski-
Museum
Inž-èkon
institut
Bol. Moskowskaja
ul. Dostoewskogo
Brotmuseum
Muzej-kwartira
skogo-Korsakowa
Swečnoj
per.
ul. Prawdy
D. K. rabotnokow
piščewoj promyšlennosti
Kolomenskaja ul.
Ligowskij prosp.
20
tut
inženerow
ul. Marata
Ligowskij
prospekt
Transportnyj per.
ul. Černjahowskogo
Garaž-
gostinica
D
E
0
260 m
N
© MERIAN-Kartographie

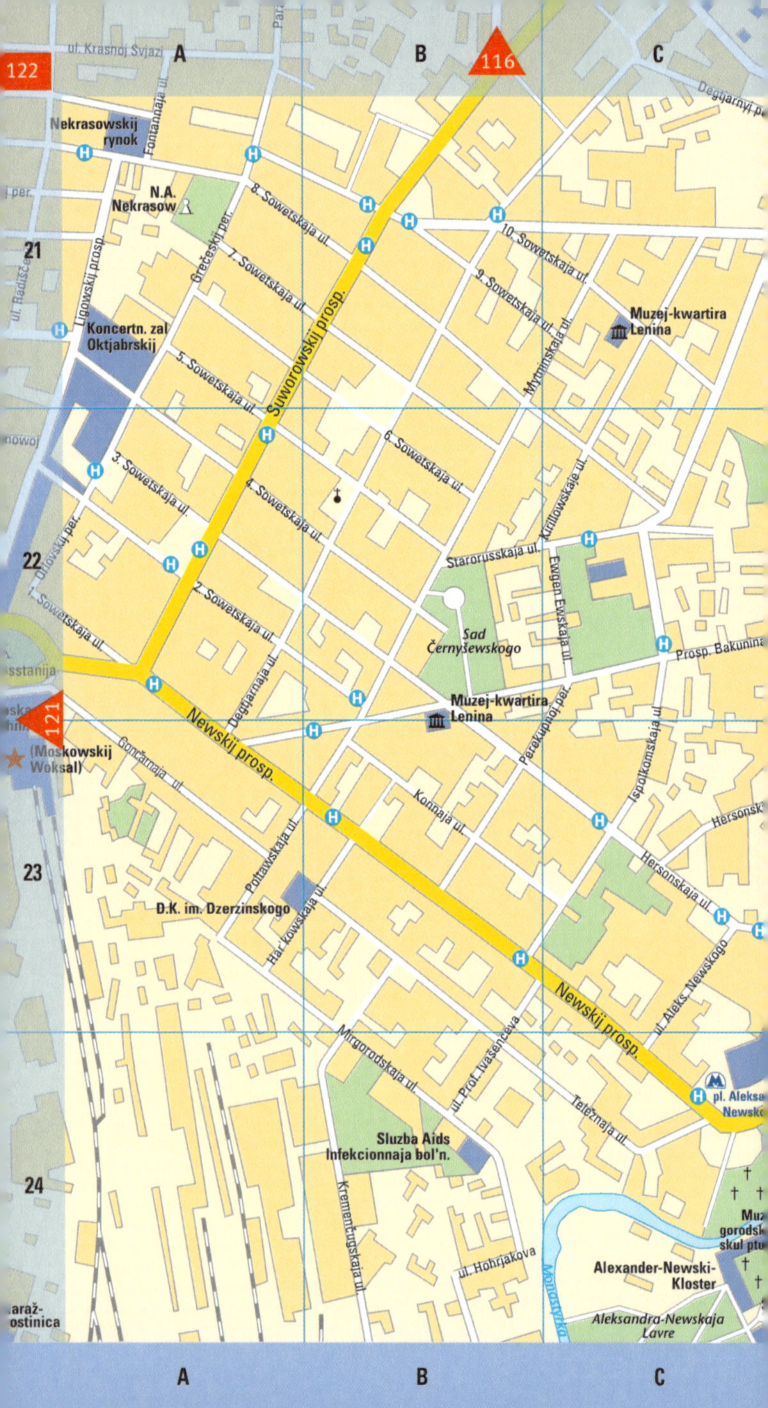

122
116
121
A
B
C
21
22
23
24
ul. Krasnoj Svjazi
Degtjarnyj pe
Nekrasowskij rynok
Fontannaja ul.
N.A. Nekrasow
8. Sowetskaja ul.
7. Sowetskaja ul.
10. Sowetskaja ul.
9. Sowetskaja ul.
Grečeskij per.
Ligowskij prosp.
Koncertn. zal Oktjabrskij
Suworowskij prosp.
Muzej-kwartira Lenina
Mytninskaja ul.
5. Sowetskaja ul.
6. Sowetskaja ul.
3. Sowetskaja ul.
4. Sowetskaja ul.
Kirillowskaja ul.
Starorusskaja ul.
Orlowskij per.
1. Sowetskaja ul.
2. Sowetskaja ul.
Ewgen'Ewskaja ul.
Sad Černyševskogo
Prosp. Bakunina
Degtjarnaja ul.
Muzej-kwartira Lenina
Newskij prosp.
(Moskowskij Woksal)
Gončarnaja ul.
Perekupnoj per.
Ispolkomskaja ul.
Konnaja ul.
Poltawskaja ul.
Hersonskaja ul.
D.K. im. Dzerzinskogo
Har'kowskaja ul.
ul. Aleks. Newskogo
Newskij prosp.
Mirgorodskaja ul.
ul. Prof. Ivašenceva
Teležnaja ul.
pl. Aleks
Newsk
Sluzba Aids Infekcionnaja bol'n.
Kremenčugskaja ul.
ul. Hohrjakova
Monastyrka
Alexander-Newski-Kloster
Aleksandra-Newskaja Lavre
ostinica
A
B
C

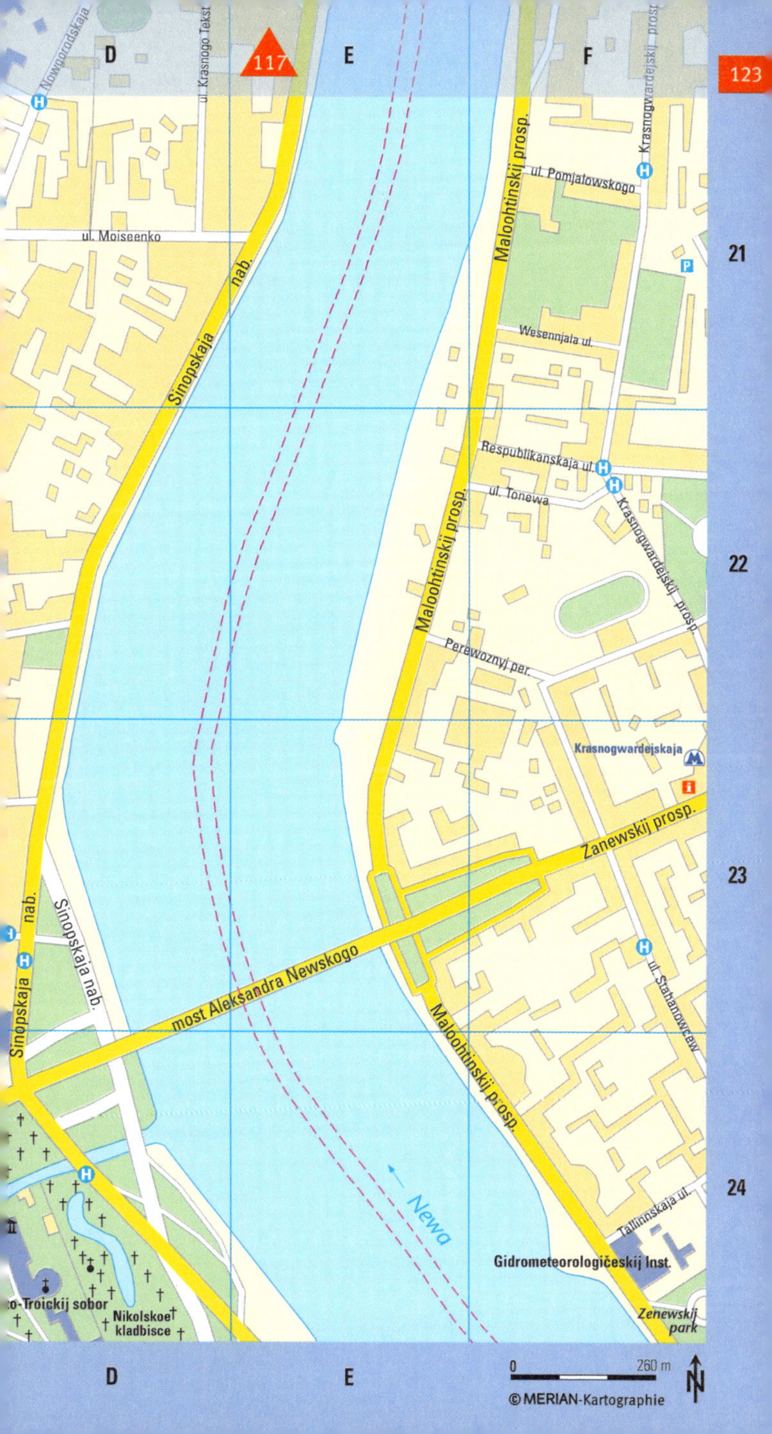
D
E
F
117
Nowgorodskaja
ul. Krasnogo Tekst
Krasnogwardejskij prosp.
ul. Pomjalowskogo
ul. Moiseenko
Maloohtinskij prosp.
Sinopskaja nab.
21
Wesennjaja ul.
Respublikanskaja ul.
ul. Tonewa
Maloohtinskij prosp.
Krasnogwardejskij prosp.
22
Perewoznyj per.
Krasnogwardejskaja
Zanewskij prosp.
23
Sinopskaja nab.
Sinopskaja nab.
most Aleksandra Newskogo
ul. Stahanowcew
Maloohtinskij prosp.
Newa
24
Tallinnskaja ul.
Gidrometeorologičeskij Inst.
o-Troickij sobor
Nikolskoe kladbisce
Zenewskij park
D
E
0
260 m
© MERIAN-Kartographie

Hier finden Sie alphabetisch aufgeführt alle in diesem Band beschriebenen Sehenswürdigkeiten und Museen, Hotels (H) und Restaurants (R). Außerdem enthält das Register wichtige Stichworte sowie alle MERIAN-Tipps und MERIAN TopTens dieses Reiseführers. Wird ein Begriff mehrfach aufgeführt, verweist die **fett** gedruckte Zahl auf die Hauptnennung im Band.

K · G · Saur Verlag
Ein Imprint der Walter de Gruyter GmbH & Co. KG

Kürschners Deutscher Literatur-Kalender

65. Jahrgang 2006/2007

Redaktion: Andreas Klimt
2006. 2 Bände. Ca. 1.750 Seiten. Gebunden
Subskriptionspreis bis 28.02.2007: € 328,– / sFr 565,–
Danach: € 358,– / sFr 616,–
ISBN-13: 978-3-598-23591-7
ISBN-10: 3-598-23591-7

»... ein bewährtes Nachschlagewerk und eine unentbehrliche Dokumentation der deutschsprachigen belletristischen Literatur. [...] Es kann gar nicht genug betont werden, wie nützlich dieses langjährig bewährte Nachschlagewerk im Alltag ist.« *Auskunft*

»Dokumentarische Exaktheit ist tatsächlich eine Stärke des Klassikers.« *Darmstädter Echo*

Die bewährte Dokumentation der zeitgenössischen deutschsprachigen Literaturszene umfasst 12.011 Einträge zu Autorinnen und Autoren sowie zu Institutionen der Literaturszene. Ohne literaturkritische Wertung werden die lebenden Verfasserinnen und Verfasser schöngeistiger Literatur in deutscher Sprache vorgestellt – unabhängig von ihrer Staatsangehörigkeit und ihrem geographischen Lebens- und Wirkungsbereich. Die Artikel informieren unter anderem über Adressen, Lebensdaten, Mitgliedschaft in Fachverbänden und literarischen Vereinigungen sowie literarische Preise und verzeichnen insgesamt etwa 165.000 Veröffentlichungen der aufgenommenen Schriftsteller. Die umfangreichen Verzeichnisse im Anhang führen Übersetzerinnen und Übersetzer, Verlage, Literaturpreise mit den Preisträgern der letzten Jahre, Fachverbände, Vereinigungen und Literaturhäuser, literarische Zeitschriften und Periodika, literarische Agenturen, die Kulturredaktionen von Rundfunk und Fernsehanstalten sowie die literarischen Feuilletons von Publikumszeitungen und -zeitschriften auf. Weiterhin im Anhang: der bewährte Festkalender mit den runden Geburtstagen bis Ende 2011, der Nekrolog sowie die geographische Übersicht nach Postleitzahlen.

www.saur.de

KÜRSCHNERS
HANDBUCH DER
BILDENDEN KÜNSTLER

Deutschland, Österreich, Schweiz

2. Jahrgang 2007

K · G · Saur Verlag
Ein Imprint der Walter de Gruyter GmbH & Co. KG

Kürschners Deutscher Literatur-Kalender

65. Jahrgang 2006/2007

Redaktion: Andreas Klimt
2006. 2 Bände. Ca. 1.750 Seiten. Gebunden
Subskriptionspreis bis 28.02.2007: € 328,– / sFr 565,–
Danach: € 358,– / sFr 616,–
ISBN-13: 978-3-598-23591-7
ISBN-10: 3-598-23591-7

»... ein bewährtes Nachschlagewerk und eine unentbehrliche Dokumentation der deutschsprachigen belletristischen Literatur. [...] Es kann gar nicht genug betont werden, wie nützlich dieses langjährig bewährte Nachschlagewerk im Alltag ist.« *Auskunft*

»Dokumentarische Exaktheit ist tatsächlich eine Stärke des Klassikers.« *Darmstädter Echo*

Die bewährte Dokumentation der zeitgenössischen deutschsprachigen Literaturszene umfasst 12.011 Einträge zu Autorinnen und Autoren sowie zu Institutionen der Literaturszene. Ohne literaturkritische Wertung werden die lebenden Verfasserinnen und Verfasser schöngeistiger Literatur in deutscher Sprache vorgestellt – unabhängig von ihrer Staatsangehörigkeit und ihrem geographischen Lebens- und Wirkungsbereich. Die Artikel informieren unter anderem über Adressen, Lebensdaten, Mitgliedschaft in Fachverbänden und literarischen Vereinigungen sowie literarische Preise und verzeichnen insgesamt etwa 165.000 Veröffentlichungen der aufgenommenen Schriftsteller. Die umfangreichen Verzeichnisse im Anhang führen Übersetzerinnen und Übersetzer, Verlage, Literaturpreise mit den Preisträgern der letzten Jahre, Fachverbände, Vereinigungen und Literaturhäuser, literarische Zeitschriften und Periodika, literarische Agenturen, die Kulturredaktionen von Rundfunk und Fernsehanstalten sowie die literarischen Feuilletons von Publikumszeitungen und -zeitschriften auf. Weiterhin im Anhang: der bewährte Festkalender mit den runden Geburtstagen bis Ende 2011, der Nekrolog sowie die geographische Übersicht nach Postleitzahlen.

www.saur.de

KÜRSCHNERS
HANDBUCH DER
BILDENDEN KÜNSTLER

Deutschland, Österreich, Schweiz

2. Jahrgang 2007